꿀벌이 사라지고 있다

–꿀벌이 전하는 지구 환경 보고서

로리 그리핀 번스 미국 매사추세츠대 의대에서 박사학위를 받았으며, 과학자이자 어린이 논픽션 작가로 활동하고 있다. 그는 이 책을 쓰기 위한 준비과정에서 벌에게 다섯 번 쏘였다. 한 번은 우연히 쏘였고, 네 번은 이 책 45페이지에 나오는 사진을 찍기 위해 애쓰다 쏘였다. 지은 책으로 『바다 쓰레기의 비밀』, 『꿀벌이 사라지고 있다』 등이 있다. 인터넷 홈페이지 www.loreeburns.com에서 그를 만날 수 있다.

엘런 해러사이모위츠 자연 사진 전문가로, 〈보스톤 글로브〉, 〈워싱턴 포스트〉, 〈사이언티픽 아메리칸〉 등에 작품이 실렸다. 인터넷 홈페이지 www.ellenharasimowicz.com에서 그의 작품을 볼 수 있다.

정현상 고려대학교 영문학과를 졸업했고, 영국 리즈대 '지속가능성-비지니스, 환경, 기업책임' 석사 학위를 받았다. 1992년 동아일보사에 입사해 주간동아팀, 출판팀 등에서 일했으며, 현재 『신동아』 차장을 맡고 있다. 환경, 경제, 문화, 정치 등을 담당하면서 '지구적으로 생각하고 지역적으로 행동'하려고 노력한다. 옮긴 책으로 『출동! 지구수비대』, 『그린 이코노미』, 『바다 쓰레기의 비밀』, 『꿀벌이 사라지고 있다』 등이 있다.

●●●

환경부 선정 〈우수환경도서〉, 함께 읽어 보세요!

날아라, 독수리야 강숙인 동화집
나의 아름다운 늪 김하늬 장편동화
바닷속 유니콘 마을 WOW 그래픽노블
자연에서 만난 시와 백과사전 자연동시 그림책
바다 쓰레기의 비밀 과학 그림책
지구를 살리는 위대한 지렁이 지구를 살리는 그림책
플라스틱 병의 모험 지구를 살리는 그림책
그레타 툰베리, 세상을 바꾸다 지구를 살리는 그림책
모두모두 함께라서 좋아 지구를 살리는 그림책
나는 제인 구달이야! 인물 그림책

지식 보물창고 2

꿀벌이 사라지고 있다 – *꿀벌이 전하는 지구 환경 보고서*

초판 1쇄 2011년 6월 10일 | 초판 6쇄 2025년 4월 15일
지은이 로리 그리핀 번스 | **사진 작가** 엘런 해러사이모위츠 | **옮긴이** 정현상 | **펴낸이** 신형건 | **펴낸곳** (주)푸른책들 · **임프린트** 보물창고 | **등록** 제321-2008-00155호
주소 서울특별시 서초구 양재천로7길 16 푸르니빌딩 (우)06754 | **전화** 02-581-0334~5 | **팩스** 02-582-0648 | **이메일** prooni@prooni.com | **홈페이지** www.prooni.com
인스타그램 @proonibook | **블로그** blog.naver.com/proonibook | **ISBN** 978-89-6170-224-9 73400 *잘못된 책은 구입한 곳에서 바꾸어 드립니다.

보물창고는 (주)푸른책들의 유아, 어린이, 청소년 도서 전문 임프린트입니다.

초록우산 어린이재단 (주)푸른책들은 도서 판매 수익금의 일부를 초록우산 어린이재단에 기부하여
어린이들을 위한 사랑 나눔에 동참합니다.

꿀벌이 사라지고 있다

–꿀벌이 전하는 지구 환경 보고서

여동생 캐어린에게

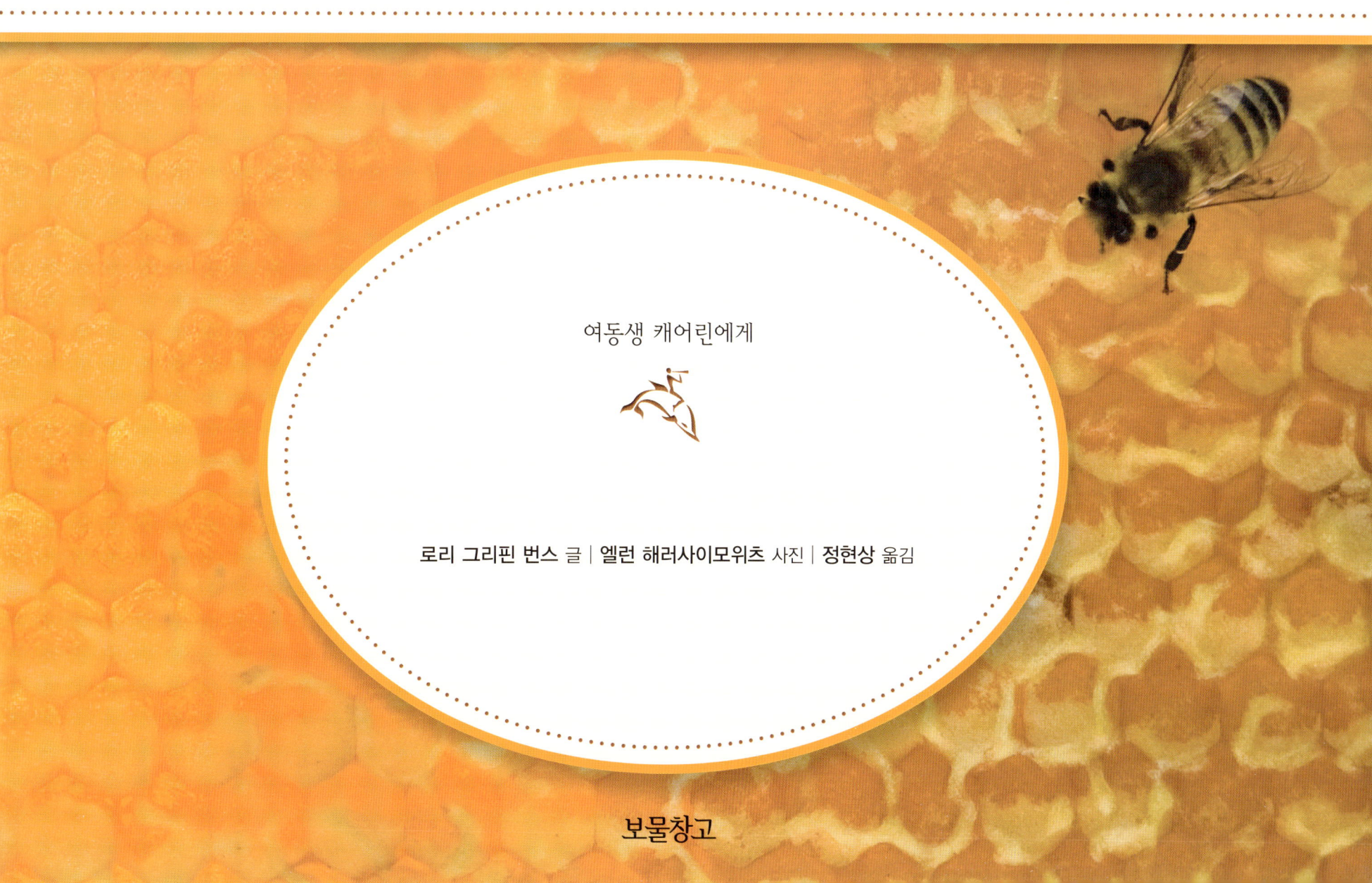

로리 그리핀 번스 글 | 엘런 해러사이모위츠 사진 | 정현상 옮김

보물창고

메리 아줌마가 꿀벌을 살피기
위해 집 뒤곁의 양봉장으로
가고 있다.

면포를 뒤집어쓰고, 양봉 도구를 들어라.
연기도 피워 올려라…….

우리는 지금 벌통으로 가고 있다.

일을 시작하기 전에 이걸 기억하라. 꿀벌들은 아주 신사다운 곤충이라는 걸.

신사답다고? 위험한 벌침을 갖고 있는데도?

그래, 맞다. 꿀벌들은 배 뒤쪽에 벌침을 갖고 있다. 그런데 이 친구들은 자신이 정말 위험에 처했을 때만 침을 사용한다. 천천히 조심해서 움직이고(벌 치는 장소에서 소란 피우면 위험!), 꿀벌들의 통로를 막지 않으면(벌들은 자신들의 벌통으로 들어가는 통로에 낯선 이가 있는 걸 싫어한다) 벌침 공격도 받지 않고 수천 마리의 꿀벌들과 즐거운 오후 한때를 보낼 수 있을 것이다.

메리 드웨인 아줌마는 늘 그렇게 한다. 취미 양봉인인 메리 아줌마는 벌과 함께 보내는 시간이 무척 즐거워 집 뒤뜰에서 조그맣게 벌을 치고 있다. 물론 벌꿀도 얻을 수 있으니까 도랑 치고 가재 잡는 격이다. 이른 봄에서 가을까지 매주 혹은 2주마다 메리 아줌마는 꿀벌 가족이 안전하고 건강한지 확인하기 위해 벌통을 열어서 안을 조사한다. 벌떼는 사실 아주 예민하기 때문에 예기치 못한 일이 일어날 가능성이 많다. 만약 벌떼에 문제가 생기면 그녀는 조사하는 과정에서 무엇이 잘못됐는지 알게 될 것이다. 양봉인이라면 이런 문제점을 잘 파악하고 그것을 고치기 위한 조치를 취해야 한다.

"벌을 칠 때는 여러분이 무엇을 하고 있는지 매우 주의를 기울여야 해요."

메리 아줌마의 말에 따르면 양봉은 쉽지 않은 취미이지만 여러 가지 좋은 점이 있다.

"나이가 들면 삶의 모든 것은 시들해져요. 그런데 벌들은 정말 매력적이어서 환경에도 도움을 주고, 그들이 생산하는 꿀은 얼마나 달콤한지……. 그리고 그보다 더 좋은 것은 내가 양봉을 치면서 스스로 깨어 있음을 느끼게 된다는 거예요."

메리 아줌마는 10여 년간 벌을 치면서 스무 번 정도 벌에 쏘였다. 그녀가 수백만 마리의 벌을 다루고 있는 것에 비하면 그다지 많은 건 아니다. 그런데 그것도 대부분은 벌을 치기 시작한 초기에 쏘인 것이다. 이제 그녀는 양봉장의 구석

위쪽 : 꿀벌 한 마리가 사과꽃을 찾아왔다.

구석을 잘 알고, 그곳에서 나는 소리에도 익숙해서 아주 편안하게 일할 수 있고 벌에도 거의 쏘이지 않는다. 물론 비상사태를 대비해서 면포를 쓰고, 도구함에는 치료제도 보관하고 있다. 흥미로운 점은 그녀가 장갑을 끼지 않고 맨손으로 일한다는 것이다.

"처음엔 장갑을 끼고 일했는데, 익숙해지다 보니 맨손으로 일하는 게 더 수월해요. 나중에 심술궂은 벌떼를 만나면 그때 다른 사람들처럼 장갑을 끼려고 해요."

메리 아줌마는 훈연기를 내는 훈풍기도 갖고 있다. 메리 아줌마가 벌집을 자세히 검사하는 동안 벌들이 두려워할 수도 있지만(벌들은 위험이 닥치면 호르몬인 경보 페르몬을 배출해 서로에게 신호를 보내기 때문에 금세 알 수가 있다) 연기가 그 걱정을 덜어 줄 것이다. 벌들은 연기 때문에 경보 페르몬 냄새를 맡지 못하게 되므로 벌집 속 대부분의 벌은 무슨 일이 일어나고 있는지 깨닫지 못한다. 이러한 이유로 메리 아줌마가 조사를 하는 동안 벌들이 조용하게 지내는 것이다. 메리 아줌마는 훈풍기를 준비하고 그 안에 마른 솔잎을 가득 채워 불을 붙인 후 풀무로 바람을 일으킨다. 솔잎이 잘 타기 시작하면 뚜껑을 덮는다. 그러면 주전자 모양의 훈풍기에서 한 줄기 연기가 피어나오게 된다.

대부분의 현대식 벌통처럼 메리 아줌마의 벌통도 '덧통'이라 불리는 여러 개의 꿀 저장통과 애벌레판으로 이뤄져 있다. 마치 탑처럼 하나의 통 위에 또 하나를 얹은 모양이다. 벌통은 양봉인이나 색깔에 따라 높이가 다른데 그 안의 형태는 모두 비슷하다. 벌통 안에는 10개의 직사각형 나무판이 나란히 갖춰져 있다. 각 판은 벌이 밀랍(蜜蠟) 벌집을 만드는 토대를 제공한다. 그들은 여러 줄의 육각형 벌집을 만들어 음식을 저장하고, 어린 벌을 기르는 곳으로 사용한다. 벌통과 나무판은 벌집이 야생 벌집처럼 만들어지도록 고안돼 있다. 따라서 필요할 때 제거할 수 있는 나무판과 여러 층으로 쌓을 수 있는 벌통은 나무에 달린 야생 벌통보다 다루기가 훨씬 쉽다.

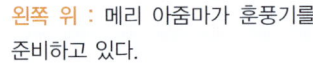

왼쪽 위 : 메리 아줌마가 훈풍기를 준비하고 있다.

오른쪽 위 : 메리 아줌마는 벌 치는 일을 위해 연장통과 장갑, 훈풍기를 늘 보관하고 있다.

왼쪽 : 메리 아줌마의 양봉장에 있는 벌통. 각 벌통은 위에서 아래까지 안과 겉이 보호막으로 둘러싸여 있는데, 두 개의 꿀 저장통과 여왕벌 차단용 격왕판(얇은 흰색 판), 그리고 애벌레판 등으로 이뤄져 있다. 왼쪽 벌통에서 애벌레판은 보라색과 초록색의 큰 벌통이다. 오른쪽 벌통에서 애벌레판은 아래쪽에 있는 4개의 중간 크기 벌통들이다.

왼쪽과 오른쪽 : 오른쪽 사진에 보이는 두 개의 벌통에는 10개의 직사각형 나무판이 나란히 배열되어 있다. 이 나무판은 자연 상태에서 만들어진 벌집 구조(왼쪽)와 비슷하다는 걸을 알 수 있을 것이다. 대개 야생 벌집은 나무의 움푹 파인 곳처럼 안전한 곳에 만들어지는데 왼쪽 사진의 자연 벌집은 미국 위스콘신주의 어느 집 벽에서 발견된 것이다.

왼쪽 : 이 철제 차단 판은 여왕벌이 애벌레판을 떠나지 못하도록 막는다. 여왕벌의 몸은 너무 커서 이 차단 판을 통과하지 못한다.

위쪽 : 벌통을 분리하는 일은 아주 힘든 일이어서 메리 아줌마가 갖고 있는 끌개 같은 특별한 분리 도구가 필요하다.

메리 아줌마는 벌통 가운데 위쪽 것부터 하나씩 조사해 내려간다. 벌통의 중심에 여왕벌 차단 판인 '격왕판'이 있다. 능숙한 양봉인은 각 통의 내용물이 어느 정도가 될지 예상할 수 있다. 격왕판은 철제 망으로 되어 있기 때문에 일벌들은 들어갈 수 있지만 여왕벌은 너무 좁아 들어갈 수가 없다. 격왕판 위에 여왕벌이 다가갈 수 없는 꿀 저장통이 있다. 여기에 일벌들이 바글바글하게 모여서 꽃에서 채취해 온 꽃꿀을 꿀로 바꾼다. 격왕판 아래에 있는 벌통들은 애벌레를 키우는 공간으로, 여왕벌이 정성들여 키우는 어린 벌들이 자라나는 곳이다. 이처럼 성장해 가는 벌들이 자라는 곳을 '애벌레판'이라 부른다. 여왕벌은 벌통들 가운데 이곳에만 접근할 수 있다.

일을 시작하기 위해 메리 아줌마는 작은 쇠지렛대처럼 보이는 도구(양봉인들은 이를 '끌개'라 부른다)를 들고 맨 위쪽의 벌통을 천천히 열었다.

"끌개는 정말 유용해요. 양봉인들끼리 이것을 개발한 사람에게 노벨상을 줘야 한다고 농담을 하곤 하죠."

메리 아줌마는 마치 그것을 직접 만들기라도 한 듯 웃으며 말했다. 벌들이 밀랍으로 벌통의 모든 틈새를 봉하기 때문에 끌개가 없으면 통을 열기가 힘들다. 밀랍은 벌들이 나무와 식물의 즙에서 추출해 만들어 내는데, 이것이 있기 때문에 바람과 물, 개미나 거미 같은 곤충으로부터 벌통을 보호할 수 있다. 그러나 양봉인들에게는 밀랍이 골치 아픈 존재다.

"밀랍은 아주 끈적끈적해요. 물론 그렇다고 해서 내가 열 수 없는 벌통은 없어요. 다만 힘을 쓸 근육이 좀 필요하죠."

메리 아줌마가 맨 위층의 벌통을 열자 놀라운 광경이 펼쳐졌다.

"저 꿀 좀 보세요."

그녀는 꿀벌들이 기어가고 있는 미끄러운 꿀 표면을 가리켰다. 꿀벌들은 밀랍을 만들고 그것으로 꿀이 채워진 벌방('봉방'이라고도 함)을 덮는다.

대부분의 벌방은 뚜껑이 닫혀 있는데, 일부는 뚜껑이 열려 있고 그 안의 액체 꿀이 햇빛을 반사하고 있다.

왼쪽 아래 : 어떤 양봉인들은 밀랍(사진 속에 보이는 갈색의 끈끈한 물질)을 채취해서 약으로 쓰기도 한다.

오른쪽 아래 : 이 꿀판에 있는 벌집은 대부분이 꿀로 채워져 있다.

벌은 메리 아줌마네 정원과 그 주변의 꽃에서 이 꿀들을 채취한다. 꿀은 처음엔 단순한 과즙이지만 완전한 꿀로 바뀌면 벌들이 그 위를 밀랍으로 덮는다. 과즙이 꿀로 바뀌려면 하나의 마법이 필요하다. 꽃꿀에 벌들이 입에서 내뱉는 침이 더해지고, 수분이 제거되는 농축 과정이 있어야 하는 것이다. 결국 벌들은 이 벌통의 각 틀에 있는 벌집들을 꿀로 가득 채우게 된다. 그제야 메리 아줌마는 꿀들을 한데 모아 병에 집어넣는다.

첫 벌통을 조사할 때 만족스러우면 그녀는 맨 위에 것부터 벌통을 떼어내 땅에 부드럽게 내려놓는다. 그리고 그 아래 덧통을 조사한다. 이 벌통도 별 이상 없이 조사를 통과하면, 메리 아줌마는 벌집을 조사한다. 이후 그녀는 격왕판을 조사하고, 애벌레판 안을 살핀다.

오른쪽 : 꿀의 원래 형태를 확대한 사진이다. 사진 위쪽에 뚜껑이 덮인 꿀은 완성된 것이고, 아래쪽에 뚜껑이 없는 육각형 속의 꿀은 덜 완성된 것이다. 일벌은 안쪽의 꿀즙이 농축될 때까지 뚜껑 없는 벌방 앞에서 날갯짓으로 바람을 일으킨다. 이를 '선풍작업'이라 하는데 벌방 안의 가스를 내보내고 온도를 낮추기 위해 바람을 일으키는 것이다. 그 뒤에야 일벌은 뚜껑을 만들어 덮고 나중에 사용할 수 있도록 저장해 둔다.

"벌들이 들끓고 있네요."

메리 아줌마가 소리쳤다. 그녀는 벌통 위쪽으로 훈풍기에서 나오는 연기를 부드럽게 보냈다. 그러고 나서 벌통을 움직였던 것처럼 같은 방식으로 하나씩 벌둥지판을 끄집어냈다. 수천 마리의 벌이 그 안에 같이 있다. 그러나 메리는 무서운 침을 갖고 있는 벌이 있는지 없는지 별로 상관하지 않는 듯하다.

"정말 아름다운데요. 완벽해요. 더 이상 어떻게 행복하겠어요. 애벌레판도 정말 멋지군요."

그녀가 면포를 쓰고 벌둥지판을 바라보면서 말했다. 그러고는 기어 다니는 벌들 아래쪽으로 통밀 크래커 껍데기처럼 보이는 부분을 가리켰다. 이것은 실제로 대부분 밀랍인데, 꿀 저장통의 벌방을 덮은 신선한 밀랍과 달리 벌둥지판에 있는 밀랍은 재사용된다. 이것은 색깔이 어둡고 메말라 보인다. 벌둥지판에 발육의 마지막 단계에 있는 어린 벌이 사는 방이 있다. 이 방들은 밀랍 뚜껑으로 덮여 있다. 여기서 벌이 완전히 성숙하게 되면, 밀랍 뚜껑을 씹어서 새로운 벌방을 만드는 것이다.

왼쪽 : 밀랍으로 덮인 각 벌방에 어린 벌들이 자라고 있다. 빈 방은 깨끗이 치워졌고, 새로운 애벌레가 자라게 될 것이다. 이 사진에서 불규칙적인 구멍은 이제 막 일벌의 일원이 된 놈이 만든 것이다. 벌방에서 나오기 위해 뚜껑을 씹었기 때문에 팔각형(오히려 둥글게 보인다) 구멍이 생겨난 것이다.

위쪽 : 대부분의 벌은 벌둥지판에서 발견된다. 이곳에서 발육 중인 벌들이 보살핌을 받게 된다. 이 벌둥지판에 붙은 벌과 9페이지에서 메리 아줌마가 들고 있는 꿀판에 붙은 벌의 숫자를 비교해 보라.

왼쪽 : 이 사진은 애벌레판에서 일하고 있는 일벌을 보여 주고 있다. 뚜껑이 덮인 애벌레가 자라는 벌방을 볼 수 있을 것이다. 또 꽃꿀이 가득 찬 벌방도 있다.

"여기 벌 애벌레들이 있네."

메리 아줌마는 흰 애벌레가 몸을 둥글게 말아 잠자고 있는 벌방을 가리켰다. 결국 나중에 이 애벌레가 충분히 자라면 각 방의 뚜껑이 닫힐 것이고, 일벌로 바뀌는 과정이 시작될 것이다.

메리 아줌마는 애벌레판에서 또 다른 벌둥지판을 들어올렸다. 그것을 햇빛에 비춰 눈을 가늘게 뜨고 바라보았다. 그녀가 이런 행동을 취한 이유는 벌의 발달 단계 가운데 첫 신호, 즉 알을 볼 수 있기를 바랐기 때문이다. 꿀벌은 흰 쌀처럼 생긴 알을 낳는다. 이 알들은 맨눈으로 보기 어려울 정도로 작다. 알, 애벌레, 봉개유충(封蓋幼蟲)들을 보면 이 벌 군집의 여왕이 건강하다는 것을 알 수 있다. 비록 메리 아줌마가 여왕벌을 보지 않았지만, 어린 애벌레가 있다는 것은 그녀가 어딘가에 숨어 있다는 뜻이다. 사실 여왕벌은 수천 마리의 벌 속에 섞여 있기 때문에 찾기가 쉽지 않다.

"여왕벌이 아주 잘 하고 있군요."

메리 아줌마는 애벌레판을 찬찬히 살피면서 의미심장한 말을 했다. 그녀는 곧 애벌레판에서 꿀과 꽃꿀, 꽃가루를 발견한다. 일벌은 이 저장물들로 에너지를 보충하고 애벌레도 기른다. 그녀는 각 판마다 면밀히 살피면서 질병이 침입했는지도 확인했다. 다행스럽게도 나쁜 징조는 없었다. 또 벌 군집이 두 집단으로 나뉘는 분봉의 조짐이 있는지도 확인했다. 분봉은 벌들의 정상적인 활동이지만, 실제로 그렇게 되면 꿀 생산량이 크게 줄어든다. 그래서 대부분의 양봉인들이 분봉을 막기 위해 애쓴다. 메리 아줌마도 오늘은 분봉의 조짐이 전혀 없음을 확인하고 안심했다.

이 같은 조사가 끝나면 메리 아줌마는 꿀판과 벌둥지판을 하나씩 다시 집어넣고, 벌통도 다시 차곡차곡 쌓아올린다. 그녀는 일을 시작할 때처럼 모든 것을 원래 자리로 돌아가게 한

위쪽 : 양봉인은 1년 내내 벌 군집을 잘 관리하기 위해 벌의 행동을 꼼꼼히 기록한다.

위쪽 : 애벌레판 아래에 나 있는 틈으로 벌들이 드나든다. 입구쪽의 나무판은 말 그대로 착륙판이다.

다. 그리고 그녀는 노트에 그녀가 관찰한 모든 것을 기록하며, 조금 전 만졌던 벌통들을 쳐다보며 뭔가 잘못된 게 없는지 생각한다.

벌통 탑 맨 밑에는 벌들이 드나드는 '소문'이라는 문이 있다. 벌들은 놀라울 만한 속도로 이곳을 나갔다가 돌아온다. 동료를 위해 음식 채집을 책임지는 바깥벌이 밝은 오렌지 빛깔의 꽃가루 덩어리들을 가지고 집으로 돌아온다. 메리 아줌마는 이 벌들이 과일즙도 갖고 온다는 걸 잘 알고 있다. 이 벌들이 느릿느릿 움직여 벌통 입구쪽 착륙판으로 움직이면 메리 아줌마는 웃지 않을 수 없다.

"벌들이 착륙하느라 애를 먹어요."

문지기벌은 착륙하는 벌들이 자기 군집에 속하는 벌인지 아닌지를 살피고, 수신 임무를 맡은 꿀받이벌은 과일즙을 내리기 위해 준비 태세를 한다. 문지기벌이 자기 가족 벌임을 인정하면 바깥벌은 과일즙을 뱉어내 꿀받이벌의 입에 넣어 준다. 그러면 꿀받이벌은 그것을 재빨리 벌집에 저장한다. 바깥벌들은 지속적으로 벌집에서 나와 더 많은 음식을 찾아 비행을 시작한다.

"마치 붐비는 비행기 활주로를 보는 것 같아요."

메리 아줌마는 다른 벌통 탑으로 이동하기 전에 벌통 옆 부분을 건드린다. 건강한 꿀을 많이 생산하는 양봉장에선 쉴 시간이 없다. 그건 벌이나 양봉인이나 마찬가지다.

데이브 해컨버그 아저씨(왼쪽)와 그의 아들 데이비 해컨버그가 전국에서 생산된 꿀을 나르기 위해 필요한, 18개의 바퀴가 달린 트럭 옆에 기대서 있다. 이 트럭은 한 번에 500개의 벌통을 실을 수 있다. 지금 이 사진에 보이는 트럭의 벌통은 비어 있다.

2006년 11월 12일 데이브 해컨버그 아저씨는 3,000개의 벌통 가운데 400개를 조사하고 있었다. '뭐라고? 3,000개? 이거 잘못 읽은 거 아닐까?' 아니다. 여러분이 읽은 대로 데이브 아저씨는 3,000개의 벌통을 관리하고 있다. 양봉은 그의 직업이며, 그가 아들 데이비와 함께 운영하는 해컨버그 양봉장은 40년 넘게 꿀과 '로열젤리' 같은 꿀 제품들을 생산해 왔다.

데이브 아저씨는 플로리다주의 이동식 쇼가 열리는 넓은 들에 두 달 일찍 400개의 벌통을 남겨 뒀는데, 땅 주인이 그 공간을 비워 달라는 바람에 벌통을 조사하고 새로운 지역으로 옮겨야 하는 상황이었다.

400개의 벌통을 조사하고 옮기는 일은 혼자서는 할 수 없는 일이다. 그래서 그는 데이비와 다른 회사 직원들을 데려왔다. 세 명의 일꾼이 그날 오후 늦게 양봉장에 도착했다. 그들은 양봉용 옷을 입고, 훈풍기를 갖고 왔다. 그들은 또 지게차도 갖고 왔는데, 이것으로 벌통들을 들어 올려 트럭에 실을 수 있다. 벌들은 8주간이나 이어진 따뜻한 날씨를 즐기고, 많은 과즙을 모았다. 그래서 데이브 아저씨는 벌들이 아주 건강할 것이라고 생각했다. 그런데 그게 아니었다.

"저는 데이비에게 지게차에 올라타라고 말하고는 훈연기를 피웠습니다. 그런데 날아다니는 꿀벌이 별로 없다는 것을 금세 알게 됐지요. 어쨌든 너덧 개의 벌 받침대에 연기를 피웠어요. 그러다 '잠깐만, 벌통 입구에 벌이 한 마리도 없잖아.'라고 말했습니다. 그래서 벌통을 열어젖혔지요. 역시 그곳은 텅 비어 있었어요. 벌들이 완전히 날아가 버리고 없었던 거지요."

데이브는 열다섯 살 이후 줄곧 벌을 키워 오면서 벌집에서 벌어진 온갖 일들을 다 보아 왔다. 겨울에 굶어죽은 벌들도 보았고, 지독한 박테리아에 감염돼 벌통을 불살라 버려야만 했던 때도 있었다. 벌집나방이 가득했던 적도 있고, 곰이나 절도범에 의해 벌통들을 잃어버린 경우도 있었다. 최근엔 작은 벌집딱정벌레나 바로아 진드기, 기관 진드기 같은 것들도 나타난 적이 있다. 이 세 가지 벌레들은 1962년 데이브가 양봉을 시작할 당시 미국에선 존재하지 않았던 것들이다. 이처럼 데이브는 그동안 엄청난 일들을 겪었지만 최근에 일어난 일은 그가 양봉을 하는 동안 듣지도 보지도 못했던 것이다.
그것은 바로 2,000만 마리의 꿀벌이
감쪽같이 사라져 버린 일이다.

아래쪽 : 데이브 아저씨가 벌을 치는 일을 하고 있다.

더욱 이상한 것은 버려진 벌집에는 꿀을 훔치려는 벌레들이 기어다녀야 하는데 데이브는 그런 흔적을 전혀 찾을 수 없었다. 마치 무언가가 벌집 안에 있어서 거기에 살고 있던 벌들이 떠나야 했고, 또 불길한 그 무엇 때문에 다른 벌레들도 거기에 들어갈 수 없는 것처럼 보였다.

데이브 아저씨는 자신의 벌통에 무슨 일이 벌어졌는지 조금이라도 빨리 파악해야 했다. 400개의 벌통은 이미 늦었지만 다른 2,600개의 벌통은 살려야 했기 때문이다.

"미쳐 버리는 줄 알았어요. 벌이 들어 있는 벌통을 발견할 수가 없었어요. 제 말은 그놈들이 모두 깨끗이 달아나 버렸다는 거예요. 누군가 벌통에 청소기를 대고 깨끗이 빨아들인 것 같았어요. 혹시나 해서 바닥에 죽은 놈들이 있나 살펴봤지만 정말 한 마리도 없었어요."

벌통을 바라보면 볼수록 데이브 아저씨는 혼란스러워졌다. 각 벌통에는 건강한 새끼 벌들이 있었고, 많은 꿀이 들어 있었다. 몇몇 벌통에는 여왕벌도 들어 있었다. 어른 벌들이 어린 벌들과 식량, 심지어 여왕벌까지 버리고 달아난 것은 아주 드문 일이다. 달아난 벌들은 식량과 어린 벌, 여왕벌이 없인 생존할 수 없을 것이다. 여왕벌이 벌 제국의 지원 없이는 살아남을 수 없는 것과 마찬가지로.

해컨버그 양봉장은 연간 6만 8천 킬로그램 정도의 꿀을 생산하고 있다. 그러나 더 중요한 사업은 과수원이나 야채 농장에 벌떼를 빌려주는 일이다. 꿀벌은 아주 효과적인 꽃가루 매개자이기 때문이다. 그래서 과수나 식물이 꽃을 피울 때 농장으로 수백만 마리의 꿀벌을 옮겨 놓으면 수확량이 크게 늘어날 수 있다.

여러분이 잘 알고 있듯이 과일과 야채는 껍질로 씨를 감싸서 다시 생산할 수 있게 한다. 동물이 과일을 먹고 버리면 그 씨가 땅에서 뿌리를 내리게 된다. 씨가 몸 안으로 들어갔다 똥에 섞여 다시 밖으로 나오는 경우도 마찬가지다. 제 스스로는 움직이지 못하는 씨가 이

왼쪽 : 꿀벌이 뒤집어쓰고 있는 노란색 먼지가 바로 꽃가루다. 벌이 방문한 이 꽃은 크로커스꽃이다.

여기에 비어 있는 벌통들은 한때 번성하던 꿀벌들의 서식처였다. 죽은 벌들이 모여 있는 버려진 벌통들은 양봉을 할 때 자연스럽게 생겨난다.

가운데 : 꽃의 각 부분을 설명한 그림이다. 꽃꿀을 생산하는 기관인 꿀샘은 보통 꽃의 맨 아래쪽에 위치한다. 먹이를 수집하는 벌은 꿀샘으로 가는 길에 수술과 심피를 건드려 꽃가루를 뒤집어쓰게 된다.

런 방식으로 주변에 흩어지게 되는 것이다. 어떻게 보면 식물은 정말 현명하다. 그러나 이런 방식은 식물이 씨를 만들 수 있어야만 가능하다. 씨를 만들기 위해서는 남성 부분인 '꽃가루'와 여성 부분인 '밑씨'가 있어야 한다. 꽃가루가 밑씨 근처로 옮겨 가는 것을 '수분'이라고 하는데, 털이 많고 꽃꿀을 좋아하는 꿀벌이 이런 역할을 잘해낸다.

벌이 꽃꿀을 찾아 꽃 내부로 깊숙이 들어가면 꽃가루를 생산하는

기관인 수술을 건드리게 된다. 이때 꽃가루가 벌의 털에 붙는데, 종종 밑씨를 생산하는 기관인 심피에 제대로 붙지 않는 경우가 있다. 그러면 그 식물은 씨를 생산하기가 힘들어진다. 그러니 농부들이 데이브 아저씨의 벌들이 아무리 위협적인 침을 갖고 있다 해도 과수원에 돌아다니는 것을 어찌 싫어할 수 있을까?

바람과 비, 거미, 그리고 다른 동물들도 식물들의 수분을 도울 수 있다. 그러나 꿀벌만큼 효과적으로 도와주지는 못한다. 특히 아몬드 같은 과일은 꿀벌에 상당히 의존하고 있는데, 상업적인 양봉인들의 도움이 없으면 제대로 과일을 생산할 수조차 없을 정도다. 매년 2월이면 캘리포니아주에서 2천 제곱킬로미터가 넘는 넓은 땅에서

오른쪽 : 꽃이 피기 직전 여러 묶음의 벌통이 캘리포니아 아몬드 과수원에 배치됐다. 사진에서 알 수 있듯 아직 과일나무에 꽃이 피지 않았다. 양봉인들은 나무에 꽃이 필 때까지 벌에게 설탕 시럽을 적당히 먹여야 한다.

아몬드나무가 꽃을 피우고, 미국 전역에서 몰려든 양봉인들이 100만 이상의 벌 '제국'(통)을 갖고 와서 수분을 돕는다.

물론 다른 작물들도 상업적인 양봉에 수분을 의존하기도 한다. 데이브 아저씨의 벌들은 2월의 캘리포니아 아몬드나무뿐 아니라 3월에 플로리다주에서 감귤나무의 수분을 돕고, 4월과 5월엔 펜실베이니아주의 사과나무, 6월엔 메인주의 블루베리, 7월엔 펜실베이니아주의 호박에 수분을 돕고 있다.

"벌이라고 하면 당연히 꿀을 연상하지만, 사실 그보다 더 중요한 것은 식량 공급 자체가 벌에 좌우된다는 겁니다."(데이브 아저씨)

다시 말하면 우리의 식량 공급이 연중 벌을 관리하는 상업적인 양봉인들에 좌우된다는 것을 의미한다. 이런 의미가 있는데도, 힘든 양봉일은 경제적으로나 사회적으로 보상을 제대로 받지 못하고 있다.

오른쪽 : 바깥벌들이 벌집 안에서 의사소통을 하고 있다.

아래 : 수천 개의 벌통이 아몬드 과수원으로 옮겨지기 전 캘리포니아의 센트럴 밸리의 야적장에 널려 있다.

데이브 아저씨는 1년을 몇 개월로 재는 게 아니라 양봉인답게 벌이 과일과 채소를 수분하는 기간으로 따진다. 그래서 몇 월에 무엇을 한다고 말할 때도 양봉과 관계된 과일과 채소 이름이 나온다.

"양봉을 하는 동안 저는 늘 블루베리의 계절에 사는 셈이지요. 그때는 아버지의 날 외에는 집에 갈 수 없어요."

길고 긴장된 수분의 계절이 지나면 해컨버그 일가는 벌을 모아서 펜실베이니아에 있는 집으로 돌아간다. 이들은 언덕에 있는 그곳 양봉장에서 꿀을 수확하고 포장하는데 이곳에서도 또 다른 일상적인 양봉일을 해야 한다. 하나의 큰 벌 군집을 두 개로 나누는 일, 병이나 진드기로부터 군집을 보호하기 위한 점검과 벌들을 보살피는 일, 그리고 각 군집의 여왕벌의 건강을 점검하는 일들이다.

늦은 가을이 되어야 한해 양봉일이 모두 끝난다. 겨울이 시작되기 전에 벌통 대이동을 해야 한다. 데이브 아저씨와 데이비는 300개의 벌통을 싣고 플로리다주로 향한다. 1억5,000만 마리의 벌을 남쪽으로 이동시키려면 무려 여섯 번이나 여행을 해야 한다. 왜 그런 일을 해야 할까? 그건 봄을 맞이하기 위한 꿀벌들의 전지훈련이라고 할 수 있을 것이다.

야구 선수들을 생각해 보자. 특히 겨울이 길고 눈이 많이 오는 지역의 야구 선수들은 따뜻한 지방으로 옮겨서 전지훈련을 시작

위쪽 : 양봉인들이 데이브 아저씨의 펜실베이니아 양봉장에서 벌들을 보살피고 있다.

한다. 그곳에서 선수들은 야외 운동으로 근육을 유연하게 하고, 야구의 계절을 미리 준비하는 것이다. 데이브 해컨버그 아저씨도 같은 이유로 자신의 벌들을 플로리다주로 옮긴다.

벌통 내부를 동면 상태처럼 만들 수도 있지만 그렇게 되면 북쪽의 추운 겨울 동안 벌들이 살아남을 가능성은 별로 없다. 그래서 데이브 아저씨의 벌들은 따뜻한 남쪽에서 벌통을 지키고, 어린 벌들을 기르며, 꽃꿀과 꽃가루를 수집하면서 겨울을 보내는 것이다. 그러나 겨울에는 플로리다에서도 꽃을 피우는 식물이 많지 않아서 데이브 아저씨는 벌들에게 설탕 시럽을 꽃꿀 대용으로, 단백질로 된 작은 파이를 꽃가루 대용으로 주고 있다. 이처럼 겨울에 꾸준한 운동과 좋은 음식으로 벌들이 건강을 유지하게 한다. 그래서 봄이 오면 북쪽의 벌들은 여전히 힘없이 졸고 있어도 데이브 아저씨의 벌들은 수분의 계절에 맞춰 움직일 준비를 할 수 있는 것이다.

그리고 일단 그의 벌들이 겨울 동안 플로리다에 있게 되면 데이브도 휴식을 취할 수 있다. 사실 11월은 그에게 가장 한가한 달이다.

그러나 2006년에는 제대로 휴식을 취하지 못했다. 2,000만 마리의 벌이 아무런 흔적도 없이 사라졌던 것이다.

"저는 활동가적 기질이 있어요. 그런 문제가 생기면 다른 사람들에게 전화를 걸어 상의하곤 했죠."

400개 벌통의 벌들이 사라졌을 때의 충격에서 벗어났을 때 데이브 아저씨는 양봉인들과 벌 과학자, 펜실베이니아와 플로리다 주립 벌 사정관에게도 전화를 걸었다(지금은 다시 건강한 벌들이 그 400개 벌통의 주인이 되었다). 그는 그들에게 자신이 본 사실들을 이야기하면서 그 이유에 대해 설명할 수 있는 사람이 있기를 기대했다. 그러나 아무도 그 이유를 몰랐다. 해컨버그 양봉장에 아주 새롭고 특이한 질병이 돌고 있다는 뉴스가 양봉업계에 돌면서 다른 양봉인들은 데이브 아저씨와 데이비가 단순히 벌통을 잘 관리하지 못해서 생긴 일은 아닌지 궁금해했다. 심지어 어떤 이는 그 질병을 '핵의 혹스(Hack's Hoax : 해컨버그네 거짓말)'라고 부르기도 했다.

그러나 오래지 않아서 전국의 다른 양봉인들도 자신의 양봉장에서 낯선 일들이 일어나고 있다는 것을 알아차리기 시작했다. 일벌 수가 갑자기 크게 줄어든 것이다. 벌통 안에는 건강한 어린 벌들과 여왕벌, 그리고 많은 음식

왼쪽 : 양봉장에서 훈연기가 올라오고 있다.

일하고 있는 바깥벌

이 있었음에도 일벌이 모두 사라진 것이다. 또 아주 짧은 시간에 벌통이 완전히 텅 비어 버리는 현상이 생겨났다. 벌집나방과 벌집딱정벌레가 서서히 버려진 벌통 안을 채워 갔다. 결국 조용조용 퍼져 가던 소문은 끔찍한 포효가 되고 말았다. '핵의 혹스'는 거짓말이 아니었다. 그것은 바로 현실에서 일어난 매우 끔찍한 꿀벌 재난의 시작이었다.

더욱더 많은 양봉인들이 벌집군집붕괴현상(CCD, Colony Collapse Disorder)에 대한 얘기를 꺼냈고, 데이브 아저씨는 양봉인과 전문가들에게 계속 전화를 하고 편지를 썼다. 2007년 초까지 그는 미국 양봉 관계자들이 프랑스의 과학자들과 공개 토론회를 갖도록 하는 데 도움을 줬다. 프랑스에서도 비슷한 군집붕괴현상이 나타났기 때문이었다. 데이브 아저씨는 미국 의회의 관심도 받았다. 의회에서는 꿀벌 소실에 대한 공식 점검이 이뤄졌다. 비슷한 시기에 〈뉴욕타임스〉는 '사라진 꿀벌, 위기에 빠진 양봉인'이란 특집 기사를 게재했다. 그리고 전국의 신문들이 긴급히 이 내용을 다뤘다. 전국의 꿀벌이 사라지고, 식량 공급에 위기가 생겼으며, 누구도 무엇을 어떻게 해야 하는지 모르고 있다는 내용이었다. 기자들은 과일과 채소가 없는 식단에 대해 썼다. 사람들이 앞다퉈 이 현상을 설명하는 이론을 내놓았다. 사람들은 꿀벌이 사라진 이유가 유전자 조작 식품이나 휴대전화 전파, 신의 도래, 그리고 테러리스트의 소행 등이라고 주장하기도 했다.

이런 혼란의 와중에 몇몇 과학자들이 양봉인들과 함께 벌집군집붕괴현상을 조사하기 위해 나섰다. 네 명의 과학자–데니스 밴엔겔스도프, 제프 페티스, 다이애나 콕스–포스터, 메리언 프레이지어–가 가장 가능성 있는 원인들을 하나씩 짚어나갔다.

- 이미 존재하던 꿀벌 진균
- 새로 나타난 치명적인 꿀벌 해충
- 농약

이들 '꿀벌 탐정'들의 목적은 간단했다. 꿀벌들을 죽인 범인이 누구인지 찾아내고, 이 혼란을 수습하는 것이었다.

아래쪽 : 전 세계 신문들이 휴대전화의 전파가 벌집군집붕괴현상의 원인일 수 있다고 보도했지만 그것은 사실이 아닌 것 같다.

〈최고의 벌 과학자들〉

데니스 밴엔젤스도프

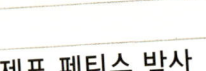

펜실베이니아주 농림부 소속 양봉인

전문 분야 : 현장 표본 추출과 벌 부검

왜 벌 전문가가 되었나? : 나는 원래 원예전문가나 정원사가 되고 싶었다. 원예 회사를 운영하면서 초보 양봉인 과정을 공부했고, 이 일을 너무나 사랑하게 됐다. 그래서 몇 개의 벌통을 사서 집에서 양봉을 하고 있다.

벌에 몇 번 쏘였나? : 너무 많아 셀 수 없다.

그 밖의 흥미로운 사실 : 데니스는 벌이나 양봉, 혹은 벌과 원예에 대해서 연구하지 않을 때면 그림을 그린다. 그런데 그것도 벌과 함께.

제프 페티스 박사

연구팀 리더
메릴랜드 벨츠빌에 있는 연방 농림부 산하 벌 연구실험실 근무

전문 분야 : 현장 표본 추출과 이미 알려진 벌 해충 분석

왜 벌 전문가가 되었나? : 나는 조지아주에서 벌과 함께 자랐다. 이웃들과 마을 근처 농부들이 벌을 많이 쳤다. 나중에 나는 생물학과 곤충학을 공부했고, 결국 벌 공부반을 가르치게 되었다. 한마디로 낚인 거다.

가장 아프게 쏘인 곳은? : 코끝에 쏘였을 때 정말 울지 않을 수 없었다.

그 밖의 흥미로운 사실 : 현장과 실험실에서 벌을 공부한 것뿐 아니라 집 정원에서도 벌을 키우고 있다.

다이애나 콕스-포스터 박사

펜실베이니아 주립대 교수

전문 분야 : 박테리아와 병원균 표본 추출과 분석

왜 벌 전문가가 되었나? : 소녀 시절 나는 곤충과 사랑에 빠졌다. 그들은 정말 환상적이었고, 내 관심을 잡아끌었다. 나는 벌이 정말 멋있다고 생각한다. 왜냐하면 그들의 사회적 특성 때문이다. 정말 흥미로운 생물학이다.

좋아하는 벌은? : 수벌을 좋아한다. 그들은 날개를 가진 테디 베어(곰인형) 같다. 그리고 중요한 사실! 수벌은 쏘지 않는다.

그 밖의 흥미로운 사실 : 다이애나 박사는 최근 자신의 고조할머니가 양봉을 했다는 사실을 알게 됐다. 피는 속이지 못하는 거다.

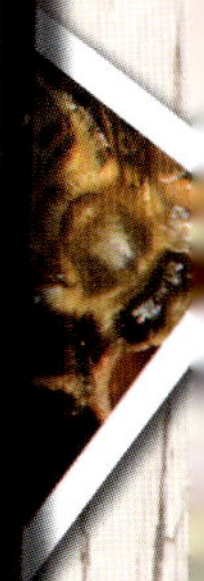

메리언 프레이지어

펜실베이니아 주립대 선임 연구원

전문 분야 : 벌, 꽃가루, 벌집, 어린 벌 등에서 살충제 성분 분석하기

왜 벌 전문가가 되었나? : 분봉한 벌통을 갖고 있는 여성과 대화를 나눈 적이 있었다. 그녀는 오빠가 분봉한 벌을 수집한 일에 대해 말했다. 그때 나는 정말 그런 일이 이 세상에 일어날 수 있다는 사실을 믿을 수가 없었다.

그 밖의 흥미로운 사실 : 메리언은 늘 같은 일을 하고 있다.

벌 전문가가 되기 위해 : 나는 양봉을 위한 전문 강좌를 들었다. 그리고 꿀벌과 사랑에 빠졌다. 이제 내가 그 강좌에서 가르치고 있다!

많은 양봉인들은 이 업계가 살아남을 수 있을지에 대해 공개적으로 우려하고 있다. 잃어버린 벌이 너무 많아서 다시 회복하는 것이 불가능할 수도 있다는 심각한 우려가 있다.

–벌집군집붕괴현상 특별조사위원회, 2006년 12월

데니스, 제프, 다이애나, 메리언뿐 아니라 전국에서 모인 꿀벌 전문가, 과학자들이 포함된 벌집군집붕괴현상 특별조사위원회는 전면적인 조사에 나섰다. 벌집군집붕괴현상은 아주 치명적이고, 데이브 해컨버그 아저씨 같은 양봉인들은 아주 절박하게 의문을 해결하기를 기대하고 있었다. 양봉업계를 살릴 수 있기를 원했던 것이다. 그래서 과학자들은 동시에 여러 방안을 모색했다. 데니스는 양봉인들을 대상으로 설문조사를 하고, 벌집의 표본을 조사하기 시작했다.

설문지는 수천 개의 벌통을 키우는 상업 양봉인들로부터 집 뒤뜰에 단 한 개의 벌통을 두고 취미로 양봉을 하는 사람들에게까지 두루 발송됐다. 대상자는 모두 2006, 2007년 겨울에 군집붕괴현상을 겪었다고 보고한 이들이었고, 벌집을 어떻게 관리했는지에 대한 질문을 받았다. 데니스는 그들의 답변이 우선 무엇이 벌집군집붕괴현상을 초래했는지에 대한 단초를 제공할 수 있을 것으로 기대했다.

벌집의 표본을 추출하는 일은 조금 더 복잡했다. 데니스와 그의 팀은 전국의 양봉장을 돌아다녔고, 추가 연구를 위해 살아 있는 벌들을 채집하기도 했다.

왼쪽 : 표본용으로 수집된 벌통에 번호가 붙여졌다. 과학자들이 표본 추출 뒤에도 벌의 군집을 추적할 수 있도록 돕기 위한 조치였다.

오른쪽 : 벌집군집붕괴현상 전문 과학자들이 캘리포니아의 과수원에서 벌집의 표본을 추출하고 있다.

살아 있는 벌들을 어떻게 채집할까? 우선 옷을 갖춰 입어야 한다. 그리고 연료를 가득 채운 훈풍기도 준비하고, 다른 연장들도 챙겨야 한다. 가능하면 서둘러야 한다. 그러지 않으면 벌 표본을 채집하기도 전에 수만 마리의 화난 벌에 둘러싸일 수 있기 때문이다.

표본 채집은 점검할 때와 같은 방식으로 하면 된다. 데니스가 벌통을 열고 하나의 벌집판을 끄집어냈다. 벌집판 위를 기어다니는 벌들을 모으기 위해 그는 얕은 플라스틱 통에 대고 탕탕 치기 시작한다. 이렇게 흔들어도 벌에게는 전혀 해를 끼치지 않지만, 벌들을 귀찮게 하는 것이다. 데니스는 큰 숟갈로 벌을 떠서 깔때기를 통해 액체를 따르듯 용기에 집어넣는다. 용기에 벌이 다 차면 그 주위에 얼음을 채운다. 남는 벌들은 다시 벌통에 집어넣는다. 채집된 벌들은 얼음 위에서 그리 오래 생명을 유지하지 못하지만, 데니스는 그들의 희생으로 중요한 목적을 달성할 수 있다고 믿는다.

"벌을 죽이는 원인은 정말 많아요. 그 원인들이 무엇인지 우리는 알아내야 해요."

어떤 때는 벌집군집붕괴현상으로 벌통이 텅 비기 때문에 데니스가 표본을 채집하려 해도 벌이 거의 없는 경우가 있다.

왼쪽 : 데니스가 플라스틱 통에 벌을 모으기 위해 준비하고 있다.

오른쪽 : 벌들이 깔때기를 통해 플라스틱 저장 통에 담기고 있다.

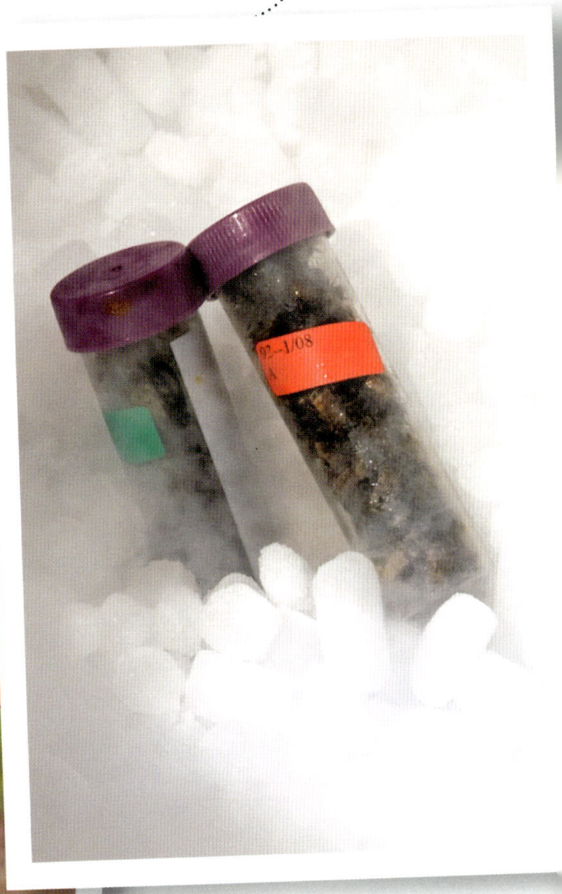

위쪽 : 벌들은 알코올 안에 혹은 드라이아이스 위에 저장된다. 추가 연구를 위해 실험실로 가기 전에 취해지는 조치들이다.

그가 붕괴된 벌통에서 벌과 벌의 시체를 가져오고, 또 다른 유사한 것들도 채집한다. 벌집군집붕괴로 고통을 받고 있지만 완전히 망쳐지지 않은 벌통에서도 같은 일을 한다. 데니스는 완전히 붕괴되기 전에 약한 벌집에서 벌을 채집하는 것은 벌들이 떠나게 되는 이유를 발견하는 데 큰 도움이 될 것이라고 믿고 있다.

데니스는 건강한 벌집에서도 벌을 채집했다. 건강한 벌집 표본은 벌집군집붕괴현상을 실험하는 데 아주 중요한 비교점을 제공할 것이다. 이 현상을 유발하는 것으로 여겨지는 모든 것이 건강한 벌집에서는 발견되지 않아도 벌집군집붕괴현상이 일어난 벌집에서는 발견돼야 한다.

벌집군집붕괴현상을 유발하는 게 무엇인지 알려진 게 거의 없기 때문에 표본으로 정한 벌통에서 데니스와 그의 팀은 꽃가루, 밀랍, 그리고 어린 벌까지 채집했다. 벌을 죽이는 게 무엇이든 벌 자체에 있을 수도 있고, 벌통의 다른 부분에 있을 수도 있다.

왼쪽 : 데니스가 작은 스푼으로 저장된 꽃가루를 벌방에서 끄집어내어 벌 표본 용기 안으로 밀어 넣고 있다.

위쪽 : 과학자들은 연구를 하기 전, 벌과 꽃가루 그리고 밀랍 표본이 들어 있는 용기를 여러 묶음의 비닐봉지에 나누어 실험실 냉동고에 보관한다.

위쪽 : 표본으로 채집된 벌이 부검되기 전에 복부가 제거되고 있다.

데니스는 채집한 표본들 중 일부를 다른 과학자들에게 보냈고, 일부는 추가 연구를 위해 냉동고에 보관했다. 그리고 나머지는 직접 연구하기 위해 사용했다. 그와 동료들은 표본 벌을 자르고 내부를 들여다보았다. 작은 핀셋으로 건강한 벌과 벌집군집붕괴현상에 희생된 벌의 위장관과 독이 든 관, 독침 분비선, 그리고 다른 기관들을 끄집어냈다. 연구진은 이것들을 유심히 살펴보면서 병과 위험 신호들을 찾으려 했다. 이런 부검의 결과는 매우 극적이고 결정적이었다. 벌집군집붕괴현상이 일어난 벌집에서 나온 벌들은 매우 약했다.

"CCD 벌에서 나온 것들은 끔찍했고, 그것에 대해 저는 과학적으로 이해하지 못하는 부분이 있었습니다. 어디에서도 그 과학적 해석 근거를 확인할 수 없었지요."

현미경으로 확인한 결과 벌의 내장기관들에 놀라운 변화가 있었다. 데니스는 CCD 벌통에서 채집한 벌의 몸에서 부어오르고, 색이 변하고, 상처 입은 조직과 기관들을 발견했다. 벌

위쪽 : 한 과학자가 실험실에서 벌을 부검하고 있다.

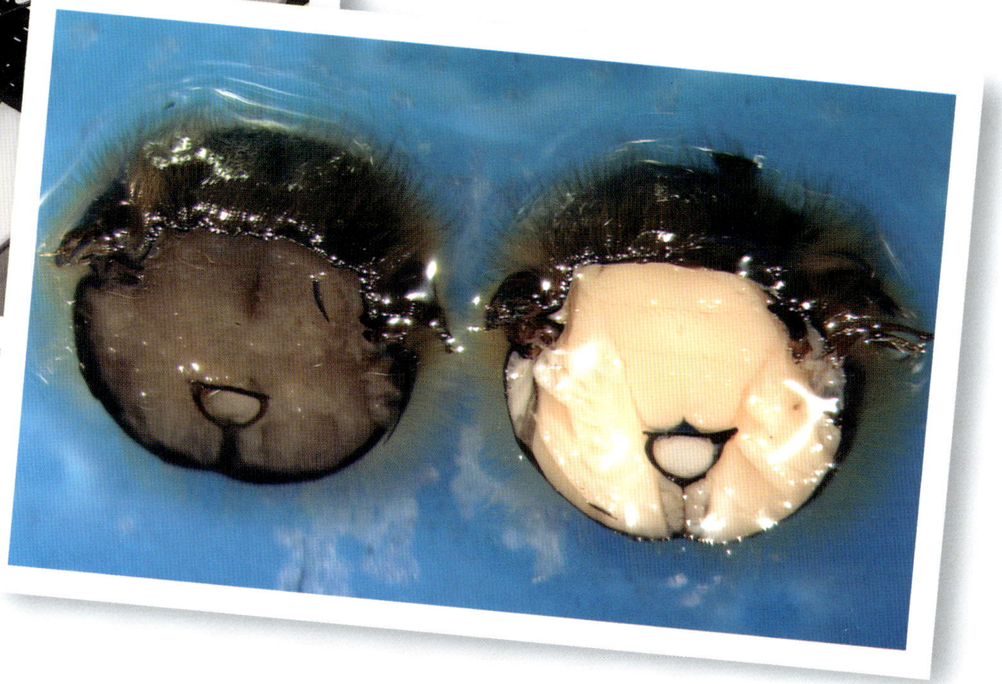

아래쪽 : 두 표본 벌의 가슴 부분을 가로로 자른 사진이다. 왼쪽은 CCD가 일어난 벌집에서 가져온 벌이고, 오른쪽은 건강한 벌집에서 가져온 벌이다. CCD가 일어난 벌의 내부 조직은 흐물흐물해지고 색이 바뀌었다.

집군집붕괴현상이 일어난 벌통의 벌은 효모균과 박테리아, 그리고 곰팡이균에 감염된 부분이 있었고, 가끔 모든 기관이 감염된 벌도 발견됐다. 이런 비정상적인 부분은 건강한 벌통에서 채집한 벌에서는 발견되지 않았다.

부검을 통해서도 정확히 무엇이 벌집군집붕괴현상을 일으키는지 알아낼 순 없었지만 중요한 실마리는 찾았다. 벌집군집붕괴현상을 일으키는 것이 무엇이든 벌의 건강에 일정한 영향을 준다는 점이다. 감염된 벌은 한 가지 병에만 걸린 것은 아니었다. 또 다른 문제점을 안고 있었다. 조직이 부풀어 오르고, 내장기관의 색깔이 바뀌고, 여러 가지에 감염되기도 했다. 그것도 모두 동시에 일어난 일이다. 무엇인가가 이 꿀벌들을 매우 아프게 해서 일상적인 감염에 저항하지 못하게 했던 것이다.

그러면 도대체 그것은 무엇인가?

벌집의 내부 : 뭐가 있을까?

벌집

꿀벌의 집을 이루는 기본 블록은 벌방(봉방)이라고 불린다. 이 벌방을 짓는 밀랍은 벌이 복부 아래에 있는 특별 분비선을 통해 스스로 만드는 것이다. 일벌은 다리와 입을 이용해서 교묘하게 밀랍 조각들을 만들어 6각형의 벌방을 만든다. 벌방은 옆으로 뒤로 나란히 세워진다. 이렇게 해서 각기 수천 개의 방이 있는 두면의 벌집판이 만들어지는 것이다. 벌집판은 서로 약하게 붙어 있어서 벌들이 기거나 양쪽을 오갈 수 있는 공간이 생긴다. 개별 벌방은 결국 벌집의 음식 저장 공간이나 어린 벌의 집이 된다.

이 벌방은 서로 다른 꽃에서 채집해 온 꽃가루들을 담고 있다.

꽃가루와 꽃꿀

건강한 벌집에는 꽃이 필 때나 꽃이 피지 않을 때나 모든 벌 식구를 먹일 수 있는 충분한 꽃가루와 꽃꿀이 필요하다. 이 두 가지 생산품은 바깥벌이 수집해서 벌집에 저장한다. 꽃가루는 애벌레판에 보관되는데, 이곳에서 어른 벌과 어린 벌 모두에게 영양분을 공급한다. 바깥벌이 채집한 꽃꿀의 일정 부분도 애벌레판에 보관되고 식량으로 이용된다. 그러나 대부분의 꽃꿀은 벌의 침과 합쳐져 꿀로 바뀌고 애벌레판에 보관된다.

꿀

꽃꿀이 꿀로 바뀌는 과정은 그것을 수집한 바깥벌 몸 안에서부터 시작된다. 꽃꿀은 일시적으로 바깥벌의 복부에 보관되고 이곳에서 벌이 만드는 단백질과 섞인다. 바깥벌이 꽃꿀을 꿀받이벌의 복부로 전달해 줄 때 더 많은 단백질이 더해진다. 꿀받이벌은 받은 꽃꿀을 벌집의 벌방으로 나르고 계속해서 거품을 분다. 거품은 꽃꿀과 벌의 단백질을 섞는 데 도움을 주고, 물의 증발을 돕는다. 수분이 18퍼센트가 되면 꿀이 숙성되는데, 이때 일벌이 뚜껑을 덮는다. 이렇게 뚜껑이 덮인 꿀은 매우 안정적으로 보관되기 때문에 식량이 필요하거나 어려운 시기에 벌들이 사용하게 된다. 그런데 사실은…… 벌들이 사용하지 않으면 양봉인들이 그것을 대부분 가져가 버린다!

CCD 연구자가 꿀벌 표본의 무게를 재고 있다.

현미경으로 본 바로아 진드기.

벌은 우리 생태계에서 매우 중요한 역할을 수행하고 있다.
그들은 우리가 그것을 깨닫든 그렇지 못하든 우리의 삶을 풍요롭게 한다.
지금 우리가 행동하지 않으면, 벌집군집붕괴현상은 미국 농업과 우리 삶의 질에
뼈아픈 영향을 미칠 것이다.

–플로리다 하원의원 앨시 헤이스팅스, 2007년 3월

양봉인들은 자신들의 벌집을 죽이는 것이 무엇인가라는 질문을 받았을 때 명확하게 답변했다. 이른바 꿀벌 해충이라는 것이다. 양봉인들은 근 십여 년 동안 세 종류의 지독한 꿀벌 해충과 싸워왔다. 피를 빨아들이는 두 종류의 진드기와 벌에게 설사를 유발하는 내장 기생충이 그것들이다. 적절한 조치가 취해지지 않으면 각 해충은 벌집으로 퍼져 나가서 모든 벌을 죽일 수 있다. 양봉인들은 벌집군집붕괴현상이 어쩌면 이런 종류의 해충들과 관련이 있을 것이라고 생각했기 때문에 제프 페티스는 그 가능성을 조심스럽게 내다보고 있었다.

"실험실에서 제가 수행한 핵심적인 일은 바로 아, 노세마, 그리고 기관 진드기를 찾는 거였습니다. 사실 그것이 명확해 보였지요."

명확하다고? 아마도 그럴 수 있다. 역겹다고? 그야말로 분명한 사실이다.

바로아 진드기를 살펴보자. 이것들은 아주 작은 벌레인데 O자보다 더 작은 크기여서 벌의 몸에 붙어서 피(진액)를 빨아먹고 산다. 바로아 진드기는 태어난 초기에 벌방 안에 자라나는 애벌레 아래에서 숨어 지낸다. 어른 벌이 애벌레에게 먹이를 주면 결국 이 진드기에게도 먹이를 주는 셈이다. 나중에 벌방에 뚜껑이 덮이면 애벌레는 번데기가 되는데, 이때 여성 진드기는 알을 낳는다. 이 알이 부화해서 수십 개의 새로운 진드기가 되고, 자라나는 벌에 붙어서 생활하게 되는 것이다. 그리고 결국 벌은 죽게 된다. 만약 벌이 살아남게 된다면 약하거나 기형적인 벌이 되고, 바로아 진드기의 새 세대에 덮이게 될 것이다. 이런 어린 진드기는 새로운 애벌레 방에 숨을 수 있을 때까지 이 벌에서 저 벌로 옮겨 다닌다.

위쪽 : 바로아 진드기가 인간을 공격하듯이 벌을 공격하고 있다. 이 벌의 머리 바로 아래에 진드기가 붙어 있다.

위쪽 : 표본으로 채집된 벌이 액체 속에서 담겨 있다.

오른쪽 위 : 꿀벌의 호흡기를 확대한 사진. 발을 가진 달걀 모양의 생물이 기관 진드기다.

가운데 : 확대된 기관 사진에서 성장한 남성 기관 진드기를 볼 수 있다.

아래쪽 : 연구자가 기관 진드기를 확인하기 위해 꿀벌의 가슴 부위를 자르고 있다.

데니스가 현장에서 수거한 벌에 붙어 있는 바로아 진드기의 숫자를 확인하기 위해 제프와 그의 동료들이 흔들어 세는 단순한 방법을 사용했다.

먼저 벌을 큰 플라스틱 병에 액체와 함께 넣고 30분 동안 기계로 세게 흔든다. 이렇게 해서 바로아 진드기를 표본 벌에서 떨어뜨린다. 과학자들은 이 표본을 방충망에 부어서 벌의 몸만 남게 하고, 액체와 작은 진드기 등은 그대로 빠져나가게 한다. 그런 다음 옷감으로 거르기를 하면 남겨진 더미에서 더 작은 것들도 쉽게 집어낼 수 있다. 각 표본 벌에서 진드기 숫자가 세어지고, 기록됐다.

만약 바로아 진드기가 벌집군집붕괴현상을 초래한 범인이라면 CCD가 일어난 벌집에서 가져온 벌 표본에서 더 많은 진드기를 발견해야 했다. 그러나 제프와 팀 동료들은 CCD 벌집과 건강한 벌집에서 가져온 벌에서 비슷한 양의 진드기를 발견했다. 문제를 일으키긴 하지만 피를 뽑아먹는 바로아 진드기는 CCD에 영향을 끼치지 않는 것으로 보인다.

"바로아 진드기는 여전히 위험한 적입니다. 진드기를 죽였다고 생각해도 완전히 사라지지 않고 벌집에서 꾸준히 해를 미칠 거예요."

그러나 제프는 이 바로아 진드기도 CCD의 주요인은 아닌 것으로 보았다.

제프의 목록에 오른 그 다음 해충은 기관 진드기다. 이들은 바로아 진드기보다 크기가 훨씬 작지만 생존 방법은 비슷하다. 이들은 벌의 호흡기 등 안전한 장소에 붙어서 벌의 생명을 빨아먹고 산다.

위쪽 : 실험실에서 한 과학자가 노세마 기생충을 발견하기 위해 잘게 빻은 벌 표본을 조사하고 있다.

"기관 진드기를 보기 위해서는 벌을 잘라야 합니다. 그리고 현미경으로 호흡기관을 봐야 해요."(제프)

벌의 호흡기는 몸의 가운데 가슴 부분에 위치하고 있다. 이 부분을 절개하기 위해서 과학자들은 벌의 머리와 앞다리를 잘라내야 한다. 그리고 가슴 부위를 원판 형태로 자른다. 이 원판은 작은 달걀 모양의 기관 진드기가 있는지 확인하기 위해 현미경으로 면밀하게 조사된다.

제프의 동료들은 기관 진드기의 징후를 확인하기 위해 CCD가 일어난 벌과 건강한 벌을 모두 조사했다. 그러나 두 번이나 실패했다.

"기관 진드기의 징후를 전혀 확인하지 못했어요. CCD가 일어난 벌집의 벌이나 건강한 벌이나 기관 진드기가 거의 존재하지 않았어요."

마지막 세 번째로 가능성 있는 해충으로 제프와 동료들이 조사한 것은 단세포 기생충인 노세마였다. 노세마 기생충은 벌의 내장에 기생하고, 소화기관을 해치고 설사를 유발한다. 일반적으로 벌은 무른 똥을 싼다. 그래서 양봉장에서 일하는 양봉인들의 흰색 셔츠에 붉은 오렌지 빛깔로 흩어진 벌의 똥이 많이 묻어 있는 것을 볼 수 있다. 수천 마리의 벌을 키우는 양봉장에서는 양봉인들이 피치 못하게 이따금씩 벌의 설사를 맞게 되는 것이다.

그러나 일반적으로 벌은 굉장히 깨끗한 생물이다. 건강한 벌들은 늘 적당히 위장을 채우고 있다. 그리고 겨울에도 밖으로 돌아다니는 것을 좋아하고, 먹이를 찾아 벌집 밖으로 돌아다닌다. 그러나 노세마에 감염된 벌은 위장운동을 통제할 수 없어 벌통 주변에서 실례를 하게 된다. 붉은 오렌지 빛깔의 액체를 벌통 주변에서 흔히 볼 수 있는 것이다.

벌통 밖에 붉은 자국 외에도 노세마 기생충의 침입을 확인할 수 있는 방법은 벌의 내장기관을 자세히 들여다보는 것이다. 이것은 유리 막자사발과 막자로 표본 벌을 갈아서 현미경으로 확인하는 방식으로 진행된다.

바로아 진드기와 기관 진드기에서처럼 제프와 그의 동료들은 노세마 기생충의 침입과 CCD의 원인 사이에 명확한 연결고리를 찾지 못했다. 세 번째 스트라이크 아웃!

벌통 안에는 누가 살까?

어른 벌에는 세 종류가 있다. 수벌, 일벌, 그리고 여왕벌이다. 여왕벌은 가장 크다. 여왕벌의 긴 복부는 알을 낳는 기계 같다. 수벌은 남자 벌이다. 이들은 여왕벌보다 훨씬 작은데 둥근 복부를 갖고 있고 머리 윗부분에 커다란 눈을 갖고 있다. 일벌의 성은 여성이다. 이들은 크기가 가장 작은데 벌집 안에서 가장 많은 수를 차지한다. 한여름 벌통에는 평균 5만 마리쯤의 벌들이 살게 되는데, 여기서 여왕벌은 단 한 마리뿐이고 2,000마리는 수벌, 나머지 4만 7,999마리는 일벌이다.

수벌

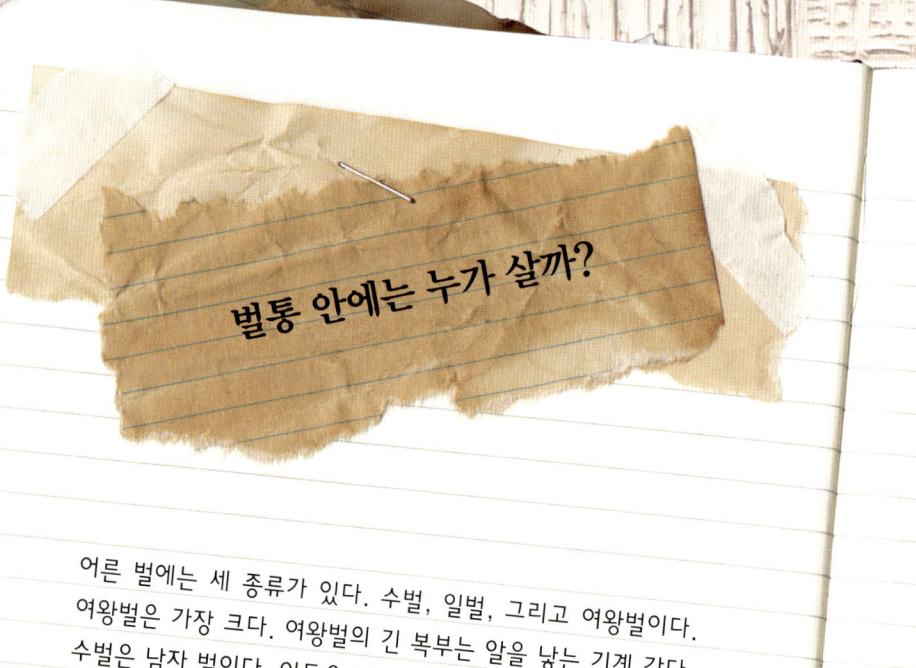

수벌을 뜻하는 영어 단어 'drone'을 사전에서 찾아보면 이런 정의가 나오는 것을 알 수 있을 것이다. "다른 사람들과 떨어져서 사는 게으른 사람, 빈둥거리며 시간을 보내는 사람." 남성 꿀벌이 바로 수벌인데 이들은 정말 빈둥거리며 시간을 보낸다. 수벌은 벌집을 유지하거나 먹이를 주는 등의 어떤 일도 하지 않는다. 그리고 식량이나 물, 피난처 등도 모두 여성인 일벌에게 의존한다. 일벌이 어린 벌을 기르고, 벌집을 짓고 수리하며, 벌통을 깨끗하게 하고 보호하는 역할을 하도록 내버려 둔다. 수벌이 하는 유일한 일은 새 여왕벌을 만나 사랑하는 것이다. 정말 게으름뱅이가 아닐 수 없다!

일벌

일벌은 꿀벌 제국의 뼈대다. 6주간의 짧은 생애지만 벌통에서 할 수 있는 모든 일을 수행할 능력을 갖춘다. 가장 어린 일벌은 집을 지키거나 애벌레들을 간호한다. 밀랍을 생산하는 분비선이 발달한 일벌은 벌집을 짓거나 수리하는 일을 맡는다. 그 다음 꿀을 생산하고, 벌통을 지키고, 바깥으로 비행하는 모험을 한다. 가장 나이가 많은 일벌이 바깥벌인데 온종일 꽃꿀과 꽃가루, 밀랍 그리고 물을 채집하기 위해 밖에서 보낸다. 바깥벌은 일벌 가운데서도 가장 사나워 조심해야 한다. 대부분 오래 살지 못한다.

여왕벌

여왕벌은 집을 지키거나, 아이를 기르거나, 음식을 생산하지 않는데도 일벌 못지않게 바쁘다. 여왕벌이 하는 유일한 일은 알을 낳는 것이다. 정말 많이 낳는다. 알을 낳을 능력만 되면 젊은 여왕벌은 짝짓기 비행에 나선다. 여러 수벌과 데이트를 하는데 정자를 복부의 특별한 기관에 보관을 한다. 여왕벌은 벌통으로 돌아온 순간부터 죽을 때까지 1~3년 동안 알을 낳는다. 힘이 가장 셀 때는 하루에 2,000개의 알을 1주일 내내 낳는다.

양봉인들은 종종 여왕벌에다 가볍게 페인트칠을 해 놓기도 한다.

2006, 2007년 겨울에 미국 양봉인들은 평균적으로 38%의 벌 군집을 잃었다. 미국에 있던 240만 개의 벌 군집 가운데 65만 1,000~87만 5,000개의 군집을 잃은 것으로 집계됐다.

–〈아메리칸 양봉 저널〉, 2007년 7월

다이애나 콕스-포스터 박사는 꿀벌 바이러스 전문가다. 데니스가 벌을 부검하고 제프가 알려진 꿀벌 해충에 대해 조사하고 있는 동안 다이애나 박사는 CCD 벌들에서 어떤 바이러스가 발견되는지를 파악하고 있었다. 그녀의 첫 연구는 연구자들이 이미 알고 있던 것을 다시 확인하는 일이었다. 즉 CCD 벌들이 매우 아프다는 것.

"붕괴된 군집에서 살아남은 벌들이 우리가 찾을 수 있는 알려진 바이러스의 은신처가 되고 있다는 것을 알았습니다. 군집의 개별 벌들이 이렇게 많은 바이러스를 갖고 있다는 것은 정말 뜻밖의 일이었지요."

사실 바이러스는 자연적인 상태에서도 존재한다. 예컨대 인간에게 독감을 일으키는 바이러스는 이 바이러스에 감염된 사람이 재채기나 기침을 할 때마다 공기 중으로 퍼져나간다. 이런 입자는 감염된 공기를 들이마시는 건강한 사람을 다시 감염시킨다. 사람들이 독감에 걸리는 경로가 바로 이런 식으로 이뤄진다. 비록 벌은 재채기를 하지도, 기침을 하지도 않지만 이들도 바이러스 입자를 확산시킨다. 벌집에서 바이러스 확산은 주로 먹이를 주는 곳에서 일어난다. 이곳에서 감염된 벌들이 자신들이 방문한 꽃에 바이러스가 묻은 침을 남겨 둔다. 다른 벌이 바이러스가 묻은 그 꽃의 꽃꿀을 채집해서 벌집으로 가져가게 되고, 그렇게 점점 더 넓게 퍼지게 되는 것이다.

"바이러스성 입자는 벌집에서 음식을 공급할 때 군집 전체로 퍼져나가게 됩니다."

CCD의 급속한 확산과 CCD 벌에서 발견된 여러 감염에 근거해서 다이애나 박사는 이처럼 빨리 확산되는 강력한 바이러스가 벌들을 감염시켰다고 의심하기 시작했다. 어쩌면 꿀벌 과학자들이 아직 확인하지 못한 바이러스일 수도 있다.

그 새로운 바이러스는 너무 강력해서 감염된 벌들을 무력화시키기에 충분했고, 그래서 벌들이 다른 감염에 달리 저항하지 못했을 수도 있다는 것이다.

다이애나 박사는 자신의 가설을 점검하기 위해 인간 바이러스 전문가들을 불러 모았다. 그들

CCD 연구자가 표본 벌에 대한 심층 조사를 준비하고 있다.

맨 왼쪽 : 다이애나 박사의 실험실에서 표본 벌들이 여러 바이러스 검사를 받고 있다.

의 도움을 받아 꿀벌 표본에서 이제까지 발견되지 않은 바이러스를 샅샅이 찾을 수 있도록 하려는 것이었다. 비록 그들이 새 바이러스를 찾지는 못했지만 그들은 거의 모든 CCD 표본 벌에서 이미 알려진 벌 바이러스 가운데 하나를 찾아냈다. 흥미롭게도 이 바이러스는 건강한 벌의 표본에서는 전혀 찾을 수 없었다.

"우리는 거의 1,200여 마리의 표본 벌을 조사했습니다. 그리고 CCD 벌에서 '이스라엘 급성 기생충 바이러스(IAPV)'라 불리는 놈을 발견했어요."

새로운 바이러스가 벌집군집붕괴현상과 상관관계가 있다는 것을 보여 주는 것은 매우 중요한 발견이었다. 그 바이러스가 발견된 군집엔 CCD가 보였고, 그 바이러스가 발견되지 않은 군집에서는 CCD가 거의 보이지 않았다는 점은 문제의 핵심을 푸는 중요한 단서가 되기 때문이다. 마침내 과학자들은 벌집이 CCD에 걸렸는지 아닌지를 진단하는 구체적인 방법을 알게 됐다. 그러나 다이애나 박사의 실험 결과는 그 새 바이러스가 직접적으로 CCD를 유발하는 원인이라는 것을 입증하지 못했다. 이를 입증하기 위해서 다이애나 박사는 건강한 벌집을 이 바이러스에 고의로 병들게 하고 그 안의 벌들이 이상 현상을 일으키도록 해야 했다.

그러나 불행하게도 살아 있는 바이러스를 건강한 벌의 군집에 집어넣는 것은 매우 위험한 작업이다. 살아 있는 벌들은 밖에서 이곳저곳을 마음대로 돌아다닌다는 점을 기억해야 한다. 다이애나 박사에겐 길이 없어 보였다. 새롭게 감염된 벌집에서 나온 벌이 그 바이러스를 들판으로 실어 나르지 않고, 꽃에 퍼뜨리지 않으며, 다른 건강한 군집을 오염시

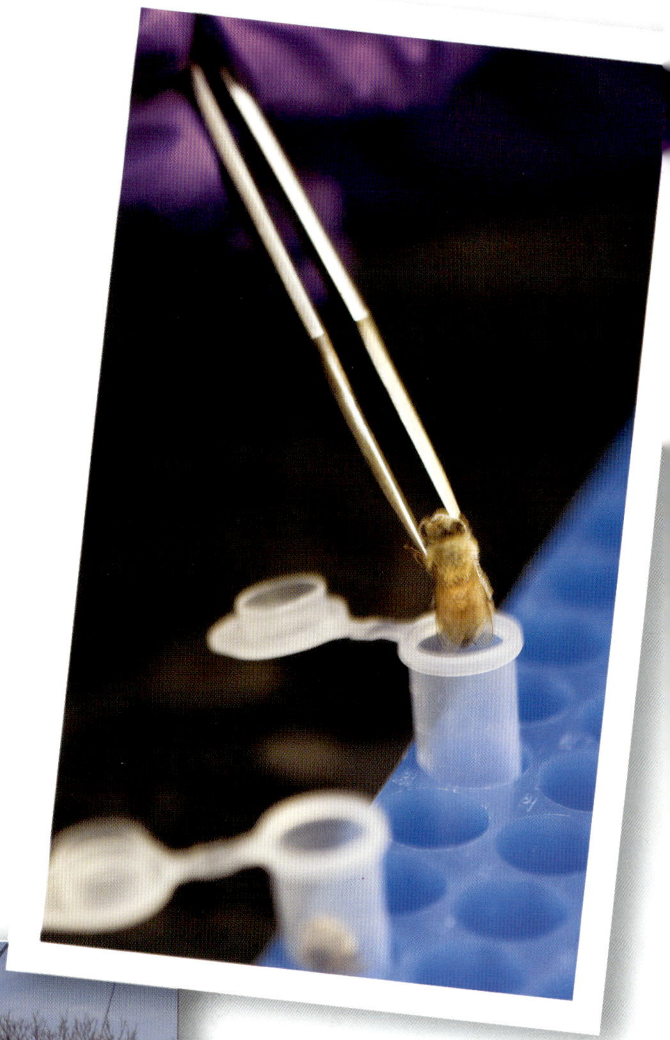

위쪽 : 다이애나 박사의 실험실에 있는 과학자들은 하나의 벌에서 바이러스 입자들을 확인할 수 있다.

왼쪽 : 펜실베이니아 주립대의 온실은 다이애나 박사의 실내 꿀벌 실험장이다.

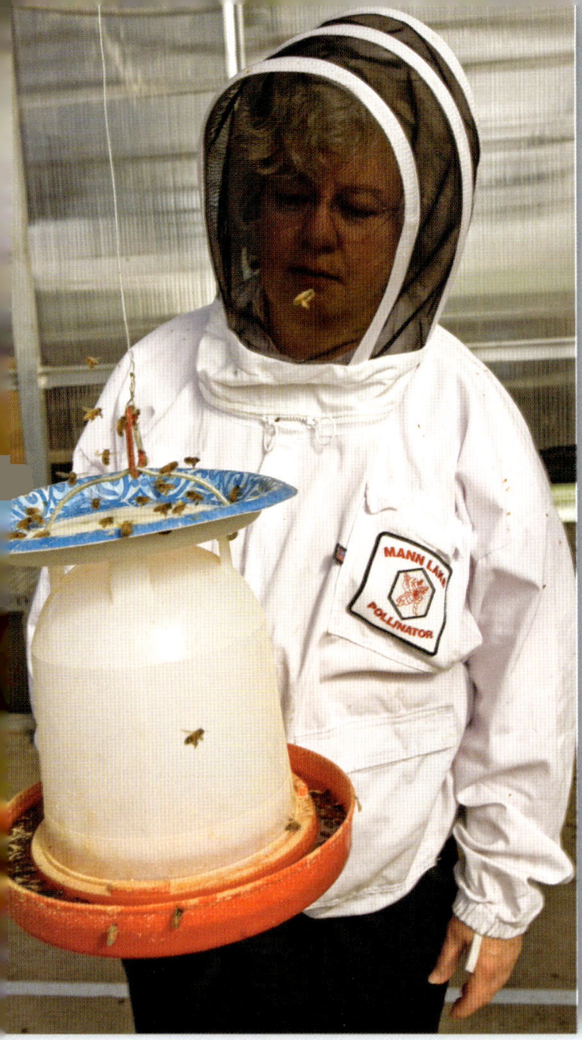

위쪽 : 다이애나 박사가 온실 안에서 벌들이 먹이를 먹는 모습을 지켜보고 있다. 설탕 시럽은 플라스틱 통에서 분비되고, 단백질 덩어리는 종이판 위에 쌓여 있다.

키지 않으리라는 보장이 없었다. 이런 종류의 실험은 벌집군집붕괴현상을 기존에 있던 것보다 더 빠른 속도로 확산시킬 수도 있었다.

그래서 다이애나 박사는 창의적인 생각이 필요했다. 그녀는 실험을 실내에서 실시하기로 정했다. 실내에서는 그녀가 임의로 바이러스에 감염시킨 벌들이 밖으로 쏘다닐 수 없기 때문이다. 실내에서 그 벌들은 다른 벌들과 접촉할 수 없으므로 야생 벌들에게 바이러스를 퍼뜨릴 수 없을 것이었다.

잠깐! 꿀벌을 실내에서도 기를 수 있는 것일까?

사실 그게 쉽지는 않다. 다이애나 박사와 그녀의 팀은 실내에 양봉장 같은 기능을 할 수 있는 시설을 갖췄다. 이들은 밀폐된 온실과 여러 방에서 벌을 기르기 시작했다. 야생 꽃의 꽃꿀이 있을 법한 곳에는 공중에 매달린 먹이 판이 있고 벌들은 이곳에서 설탕 시럽을 얻는다. 또 꽃가루와 함께 있는 단백질 덩어리를 먹으며 건강을 유지한다. 벌이 야생에서와 똑같은 조건에서 생존할 수 있는 조건이 만들어지면 그녀는 온실의 한 방에 문제의 바이러스인 IAPV를 퍼뜨려서 벌이 감염되도록 할 것이다. 그리고 감염된 벌을 온실의 다른 한 방에서 감염되지 않고 길러지는 벌의 운명과 비교하게 된다.

오른쪽 : 밖에서 먹이를 찾는 일벌들처럼 온실 속의 이 일벌도 먹이를 찾으면서 꽃가루를 뒤집어쓰고 있다.

다이애나 박사는 과거의 CCD 연구에 대해 이렇게 말했다.

"문제는 붕괴군집에서 나온 벌들은 대부분 거의 발견되지 않는다는 거예요. 온실에서 우리는 죽은 벌레들을 발견할 수 있어야 합니다."

다이애나 박사의 연구 결과는 〈사이언스 저널〉에 발표가 됐고, 전 세계 신문 잡지에서도 논쟁이 진행됐다. 그러나 그녀와 다른 벌집 탐정들은 IAPV의 발견에 대해 조심스러워했다.

"IAPV는 당분간 CCD의 주요 원인으로 간주될 겁니다. 그러나 우리는 그 바이러스 한 가지만이 CCD를 초래한다고는 생각하지 않아요."

다이애나 박사가 그렇게 생각한 이유는 CCD 재난이 발생하기 4년 전인 2002년에도 그녀가 꿀벌 표본 조사에서 같은 바이러스를 발견했기 때문이다. 만약 그 바이러스가 CCD와 밀접한 관련이 있다면 왜 2002년에는 CCD를 일으키지 않았던 것일까?

설득력 있는 설명은 IAPV가 꿀벌들을 위기에 빠뜨린 일련의 여러 사건 가운데 하나라는 것이다. 다이애나 박사와 다른 꿀벌 탐정들은 근래에 꿀벌 환경의 어떤 부분이 바뀌었는지 궁금해하고 있다. 즉 무언가가 꿀벌이 갑자기 IAPV 바이러스에 약해지도록 했다는 것이다.

드러난 것처럼 지난 10년간 꿀벌의 성장 환경에 여러 가지 큰 변화들이 생긴 것은 분명하다. 무엇보다 바이러스 자체가 바뀌었다. 다이애나 박사의 연구는 IAPV가 시간이 지나면서 재빨리 진화한다는 것을 보여 주었다. 지금의 바이러스가 이전의 바이러스보다 더 치명적일까?

꿀벌 영양도 최근에 변했는데 결코 더 좋아졌다고만은 할 수 없다. 농장들이 더 커지고 전문화되면서 그런 농장에서 일하는 꿀벌들은

위쪽 : 죽은 벌들이 매일 온실 안 콘크리트 바닥에 떨어져 있다. 이것은 온실의 벌통 밖에서 죽은 벌들을 면밀히 살펴볼 수 있는 기회가 된다. 야외 양봉장에서는 이럴 기회가 없다.

단일 꽃꿀과 꽃가루에서 살아남도록 강요받고 있다. 만약 아침, 저녁, 점심을 햄버거만으로, 그것도 6주 동안 줄곧 그것만 먹는다고 상상해 보라. 마찬가지로 꿀벌들도 캘리포니아의 아몬드나무만을 수분하면서 아몬드 꽃가루, 아몬드 꽃꿀을 매일, 매주 먹으면 그런 감정을 느낄 것이다. 이처럼 불균형적인 섭취 때문에 벌들이 감염에 약해진 것은 아닐까?

마지막으로 농장과 벌통에 사용되는 화학성분이나 농약도 지난 10여 년 동안 바뀌었다. 농장주들은 농작물을 보호하기 위해 살충제를 사용하고, 풀을 제거하기 위해 제초제를 사용한다. 가정집에서도 정원사들이 잔디와 정원을 다듬느라 비슷한 농약들을 사용한다. 심지어 양봉인들도 바로아 진드기나 기관 진드기를 없애기 위해 농약을 사용한다. 이런 농약에 오랫동안 노출되어 온 것이 벌을 약하게 만든 것은 아닐까?

이 모든 것이 그다지 나쁜 게 아니었다 해도 2007년 국립 과학아카데미는 꿀벌뿐 아니라 나비, 딱정벌레 등 수분 매개자들이 크게 줄어들고 있다는 2년간의 연구 결과를 발표했다.

"이제 CCD는 단지 꿀벌의 문제인가 아니면 더 큰 문제의 한 부분인가? 이것이 백만 달러짜리 의문이 되고 있어요."

다이애나 박사가 갖고 있는 의문이다.

왼쪽 : 온실 속의 벌집을 근접 촬영한 결과 일벌과 저장된 꽃가루, 꽃꿀, 그리고 알을 볼 수 있다. 이는 벌의 군집이 실내에서도 제 기능을 하고 있다는 것을 보여 준다.

오른쪽 : 온실 실험에서 벌들이 설탕 시럽으로 꿀을 만들 수 있다는 것을 보여 준다. 다이애나 박사의 바이러스 실험은 완전히 새로운 장치로 이뤄졌다. 벌집 속의 밀랍이 매우 하얀 색을 띠고 있는 것도 이채롭다.

벌의 몸 구조

다른 곤충들처럼 꿀벌도 몸통이 크게 머리, 가슴, 복부(배) 세 부분으로 나뉜다. 벌은 또 6개의 다리와 다른 흥미로운 부분들도 포함하고 있다.

벌 주둥이

벌 주둥이는 벌의 입 부분을 말한다. 벌은 길고 얇은 부속지를 가지고 물과 꽃꿀, 꿀을 모은다. 벌은 또 이 사진에서처럼 꽃꿀에 접근하기 위해 벌 주둥이로 꽃잎을 찌를 수 있다.

이 벌은 일벌이 틀림없다. 표면이 우둘투둘한 날개와 꽃가루로 가득 찬 주머니를 보면 알 수 있다.

날개

꿀벌은 두 날개를 갖고 있다. 물론 이것은 날기 위한 것이지만, 양봉인들은 이 날개를 보고 벌의 나이를 잰다. 아주 깨끗하고 부드러운 날개는 어린 벌의 특징이다. 반면 닳고 우둘투둘한 날개는 일벌의 상징이다. 먹이를 찾아 온종일, 심지어 몇 주일씩 밖으로 돌아다녀야 하기 때문에 날개가 성할 수 없는 것이다.

이 벌의
꽃가루 바구니는
자기 머리만큼이나
크다!

꽃가루 바구니

꿀벌은 세 짝의 분리된, 털 달린 다리를 갖고 있다. 이 다리는 걷기 위한 것일 뿐 아니라 제각각 기능을 갖고 있다. 앞다리는 벌의 더듬이를 청소하는 데 사용된다. 가운데다리는 삽처럼 생긴 털이 있어 밀랍을 제조할 때 도움이 된다. 그리고 숨겨진 다리는 딱딱한 털을 갖고 있는데 꽃가루와 밀랍을 옮기는 데 쓰인다. 꽃가루 바구니는 가득 차면 벌의 무게보다 한 배 반이나 무겁다.

침

침은 개조된 산란관이다. 즉 알을 낳는 데 쓰일 수 있는 관이라는 뜻이다. 즉 침이 왜 암벌에게만 발견되는지 이해할 수 있을 것이다. 수벌은 이 관(침)이 없어 쏠 수 없다. 일벌끼리는 서로 침을 쏘아도 큰 문제는 없다. 다만 휘어진 침이 인간의 피부에 박히게 될 때가 문제다. 이때 벌은 온 힘을 다해 침을 빼려고 하지만 결과는 끔찍하다. 침을 빼려고 하면서 침에 달린 내부 기관도 같이 빠져 버리는 것이다. 그러면 벌은 곧 죽게 된다.

메리언과 동료가 연구용 벌통에서 벌집판을 꺼내어 살펴보고 있다.

그것이 무엇인지 몰라도 여전히 존재하며 우리의 벌들을 죽이고 있다.

–CCD 전문 기자 킴 플로텀, 〈비 컬처(Bee Culture)〉, 2008년 6월

CCD를 발견한 지 1년 뒤 데이브 해컨버그 아저씨와 그의 아들 데이비는 양봉일을 다시 본 궤도에 올려놓았다. 그들의 벌은 겉보기에는 건강해 보였다. 아버지와 아들은 희망하던 고단백질의 벌 먹이를 고안해냈다. 그것이 벌에게 스트레스를 덜 주고 군집을 유지하는 데 도움이 되기를 바랐다.

"우리가 벌을 너무 가둬온 게 사실이지요. 올해는 좀 다르게 해 보려고 합니다. 벌에게 휴식도 주려고 해요."

더 좋은 먹이와 휴식뿐 아니라 벌을 빌려 주는 농장주들에게도 농작물에 치는 농약이 벌에게 해가 되지 않도록 해 달라고 요구했다.

농약 사용은 아주 어려운 문제다. 농장주와 정원사들은 진딧물과 일본 딱정벌레, 식물과 과일을 상하게 하는 곤충들로부터 농작물을 보호하기 위해 농약을 사용하고 있다. 그러나 꿀벌들 역시 하나의 '곤충'이다. 벌은 농작물이 효과적으로 수분하도록 하는 데 필요한 존재이지만 농약에 노출되면 치명적인 해를 입게 된다. 하지만 현재로서는 유해한 곤충을 죽이고 유익한 곤충을 살리는 농약을 발견하기는 무척 어렵다.

농부들은 꿀벌에게 해가 덜 가는 농약을 사용하기 위해 노력한다. 또 벌이 덜 몰려드는 시기, 즉 과실나무의 꽃이 피기 전에 농약을 치는 방식으로 주의를 기울이고 있다. 그러나 데이브 아저씨와 그가 고용한 양봉인들은 여전히 마음을 놓을 수 없다. 데이브 아저씨는 최근에 농장주들이 좋아하는 새로운 농약에 대해서 알게 됐다. 그 농약은 네오니코티노이드라 불리는데, 침투성이 매우 좋다. 그래서 이 농약은 모든 식물의 생태계에 침투할 수 있다.

위쪽 : 꿀벌들이 벌통에서 꿀판들 사이를 서로 연결하고 있다.

이 농약은 단 한 번 사용해도 식물의 뿌리, 줄기, 잎, 꽃, 꽃가루에서 발견된다. 이 때문에 이 농약은 농부들에게 인기가 높다. 즉 이 농약을 단 한 번만 뿌려도 약효가 오래 지속되며 해충들을 물리칠 수 있기 때문에 농부들이 좋아하는 것이다. 그러나 이런 종류의 농약이 꿀벌에게 어떤 영향을 미치는지에 대해서는 명확하게 설명되지 않고 있다. 만약 꽃가루에 이 농약이 묻어 있다면 벌들이 그것을 벌집으로 가져가게 될까? 이런 농약에 지속적으로 노출되는 바깥벌에게는 어떤 영향을 미칠까? 혹은 모든 시간을 농약이 묻어 있는 벌집에서 보내는 어린 벌들에게는 또 어떤 영향이 있을까?

아래쪽 : 메리언의 연구용 양봉장은 꿀을 좋아하는 곰을 막기 위해 전기 철조망으로 둘러쳐져 있다. 각 벌통 위에는 벽돌을 얹어 놓았는데, 이것도 너구리나 다른 동물들로부터 벌통을 보호하기 위한 것이다.

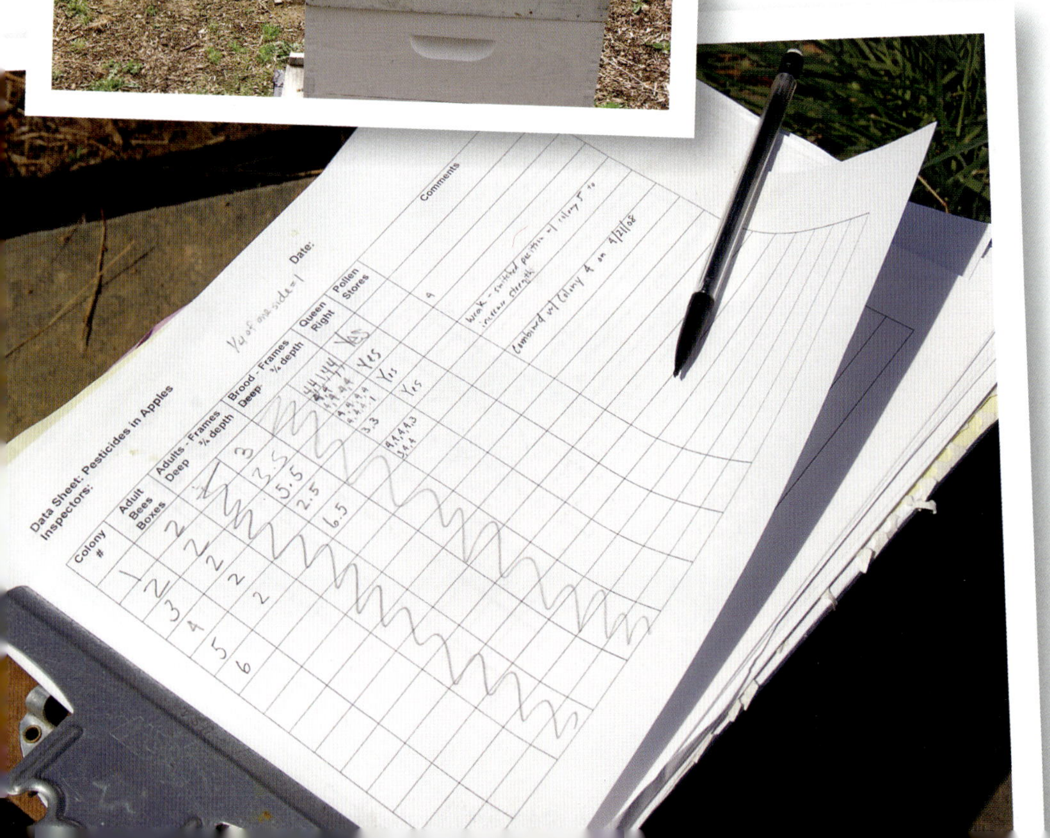

왼쪽 : 메리언과 동료들은 연구용 양봉장에서 벌의 상태를 면밀히 기록하고 있다. 특히 농약이 벌에게 미치는 영향에 대해 체계적으로 연구하고 있다.

침투성 농약이 CCD에 커다란 영향을 미쳤다고 믿는 데이브 아저씨는 "양봉 손실은 농약 사용의 변화와 때를 같이 합니다."라고 말했다. 최근 벌집 안에서 발견된 농약 물질 확인 작업을 한 메리언 프레이지어도 데이브 아저씨의 생각에 동의했다.

"만약 농약이 CCD 문제의 원인이라면 침투성 농약이 그 원인 중 하나가 될 수 있다고 생각했습니다."

처음에 메리언은 데니스가 CCD 벌집과 건강한 벌집에서 채집한 꽃가루 표본을 조사했다. 그녀는 여러 화학자의 도움을 받아 양봉 환경에서 발견된 150여 가지 농약 성분을 다 조사할 수 있었다. 이 농약 성분 가운데는 침투성 농약 성분, 다른 농부들이 사용한 농약, 그리고 양봉인들이 진드기 감염을 막기 위해 사용한 농약 성분들도 포함되어 있다.

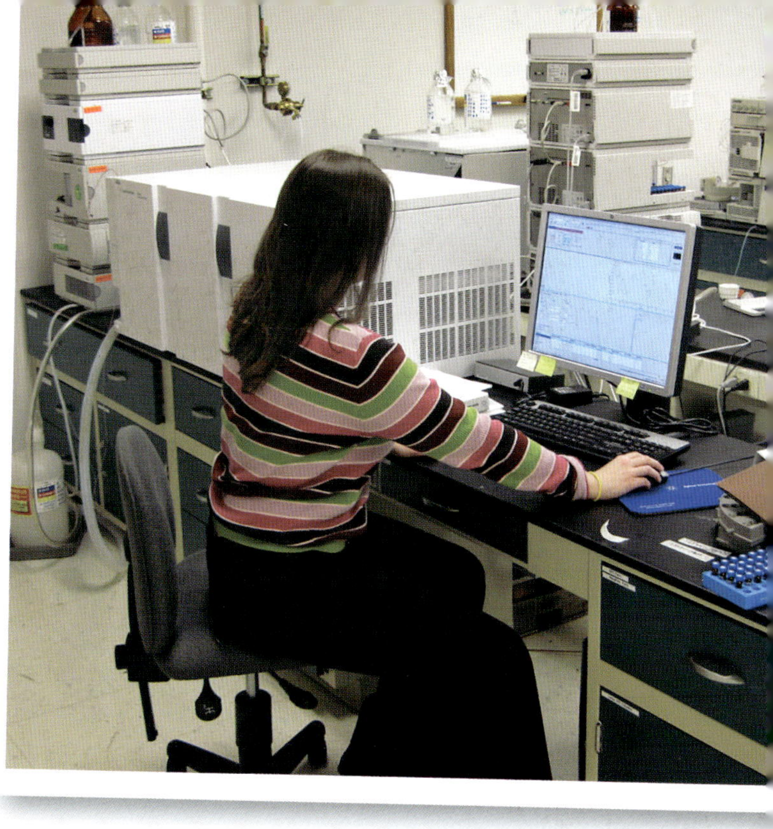

위쪽 : 메리언의 동료가 표본 벌에서 농약 성분을 확인하는 데 쓰이는 장치를 사용하고 있다. 이 장치의 이름은 '용액 착색판 2인용 매스 분광계'라고 불린다.

가장 놀라운 점은 농약 사용이 얼마나 보편적인지를 재확인한 것이다. 메리언은 CCD 벌집에서 나온 것이건 건강한 벌집에서 나온 것이건 자신이 테스트한 거의 모든 표본에서 농약을 발견했다. 208개 꽃가루 표본 가운데 농약이 전혀 나오지 않은 것은 단 세 개뿐이었다.

"평균적으로 각 꽃가루당 다섯 종류의 농약 성분이 발견된 것은 정말 충격적인 사실이었습니다. 어떤 표본 꽃가루에서는 열일곱 종류의 농약 성분이 추출됐어요."

더 충격적인 사실은 가장 빈번하게 그리고 가장 높은 수치로 발견된 농약 성분이 다름 아닌 양봉인들이 자신들의 벌에 바로아 진드기를 없애기 위해 뿌린 것이었다. 양봉인이 뿌린 농약 성분은 벌이 벌집에 저장한 꽃가루로 이동되었다는 점도 눈길을 끈다.

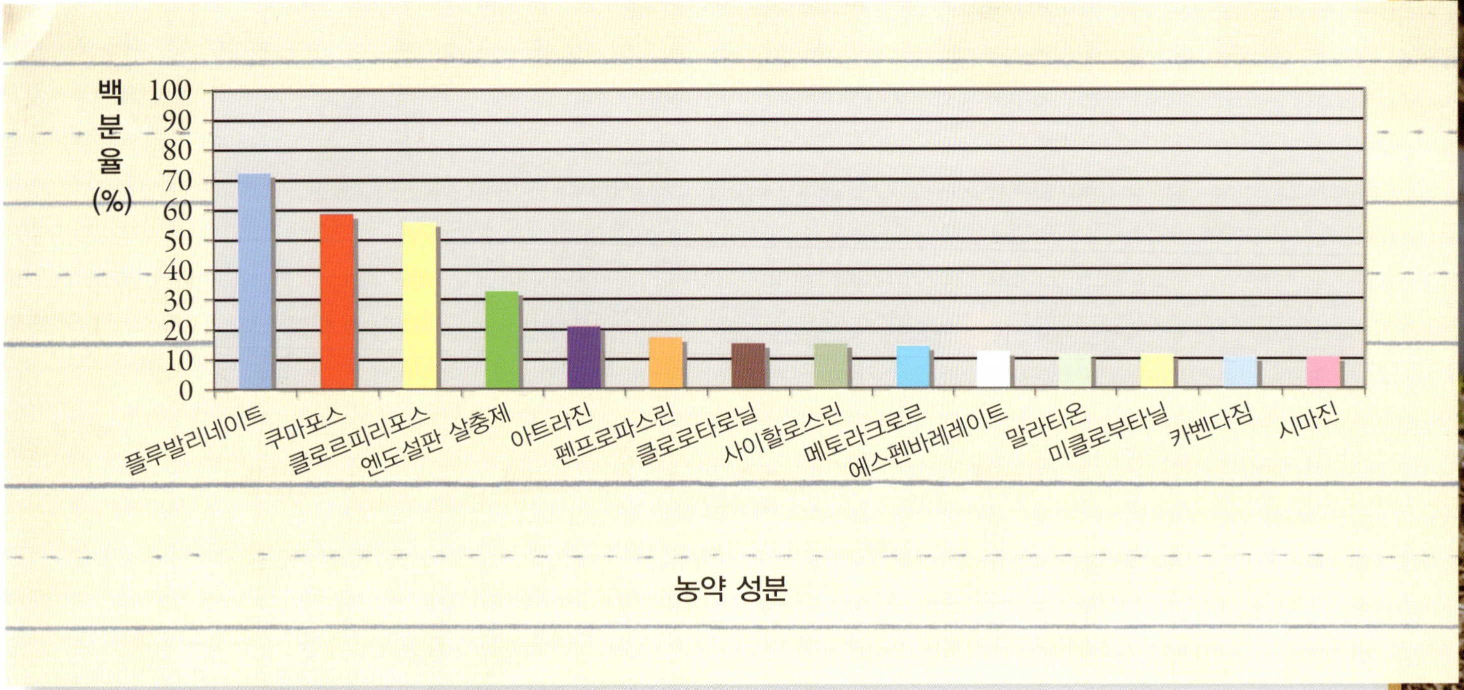

위쪽 : 이 막대그래프는 꽃가루 표본에 묻어 있는 농약 성분의 백분율을 보여 주고 있다. 가장 흔한 두 가지 농약은 플루발리네이트와 쿠마포스로 양봉인들이 바로아 진드기로부터 벌을 보호하기 위해 벌통에 뿌리는 것이다.

메리언은 계속해서 밀랍 표본을 조사했다. 그 결과 역시 비슷했다. 양봉인들이 뿌린 농약 성분이 그녀가 검사한 88개 밀랍 표본에서 모두 발견됐다.

흥미롭게도 메리언은 농약 오염과 CCD 사이의 연관성에 대한 증거를 전혀 찾지 못했다. 건강한 벌집에서 가져온 꽃가루와 밀랍은 CCD가 일어난 벌집에서 가져온 꽃가루와 밀랍과 비슷한 정도로 오염되어 있었다. 이런 결과 때문에 CCD는 단일한 해충, 병원균, 농약에 의해 생긴다는 관념이 무너졌다.

"저는 CCD가 어떤 한 가지 때문에 생기는 것은 아니라고 생각해요. 여러 가지가 합쳐져 생기는 거라고 봐요. 뭔가가 가득 찬 잔 같다는 생각이 들어요. 아마도 농약이 그 절반을 채우고 있고, 바이러스들이 나머지 반을 채우고 있는 셈이지요. 그러다 갑자기 그 잔이 흘러넘치게 된 거예요. 혹은 부족한 영양분이 25퍼센트, 그리고 진드기와 농약이 나머지를 채우고 있을 수도 있고요. 다르게 말하면 그 잔은 또 다른 방식으로 채워져 있을 수도 있어요. 그러나 어떤 식으로든 그 잔이 가득 차게 되면 벌들이 죽고, 붕괴하기 시작하는 거지요."

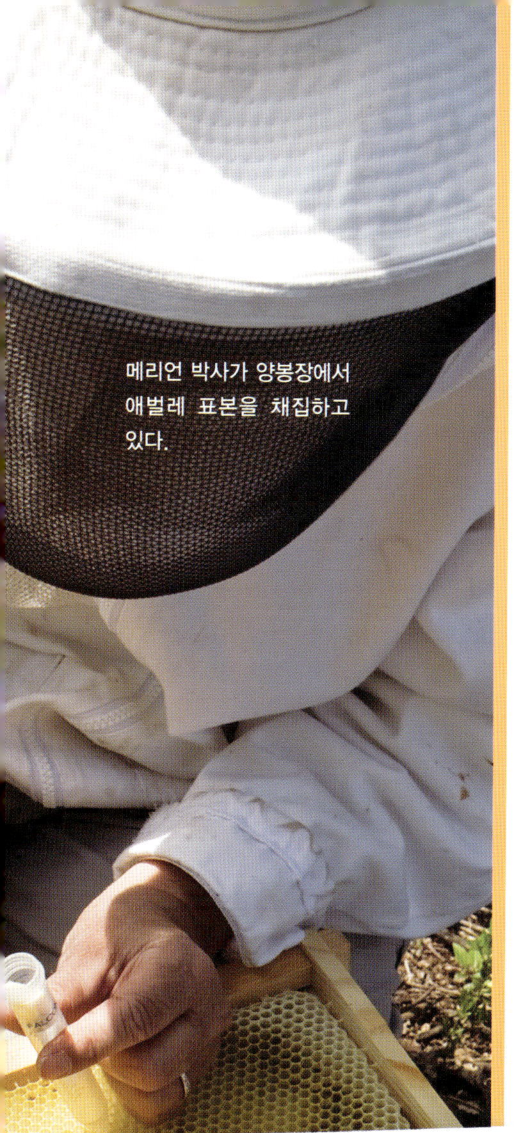

메리언 박사가 양봉장에서 애벌레 표본을 채집하고 있다.

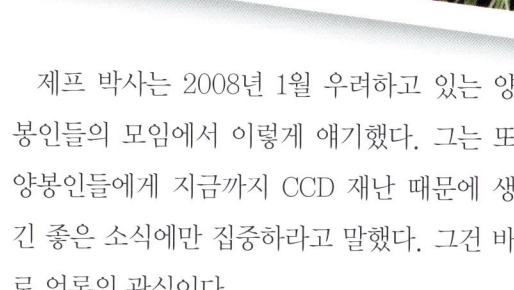

오른쪽 : 한 연구자가 양봉 연구장에서 꽃가루 표본을 채집하고 있다.

메리언은 꿀벌의 건강에 영향을 미치는 환경 오염물의 역할에 대해 지속적으로 조사할 계획이다. 다이애나 박사가 꿀벌의 건강에 영향을 미치는 IAPV와 다른 바이러스를 조사하고, 제프가 진드기와 다른 해충을 조사할 계획인 것처럼. 그리고 이들 꿀벌 탐정들은 그러한 요인들을 모두 모아서 조사할 계획을 짜고 있다. 아마도 그들은 CCD를 초래하는 모든 원인들을 확인할 수 있을 것이다. 만약 그들이 그 일을 성공하지 못해도 이것이 적절한 방식이라는 것에 대해 제프 페티스는 확신을 갖고 있다.

"이 퍼즐에는 정말 다양한 부분이 있습니다. 그리고 이 개별 조각들이 어떻게 벌의 군집 붕괴 등의 문제들을 초래하는지 면밀한 조사가 필요해요."

제프 박사는 2008년 1월 우려하고 있는 양봉인들의 모임에서 이렇게 얘기했다. 그는 또 양봉인들에게 지금까지 CCD 재난 때문에 생긴 좋은 소식에만 집중하라고 말했다. 그건 바로 언론의 관심이다.

"이것을 생각해 보세요. 만약 일반 사람들에게 '식탁에 오른 사과를 기르기 위해 필요한 네 가지는 무엇인가요?'라고 묻는다면, 그들은 세 가지만 대답할 겁니다. 바로 햇빛과 물, 그리고 영양분이라고. 제가 장담하건대, CCD가 알려지기 전까지만 해도 대다수의 사람들은 네 번째인 꽃가루 매개자를 얘기할 수 없었을 겁니다. 그러나 지금은 알게 됐지요. 벌의 중요성에 대해서도요."

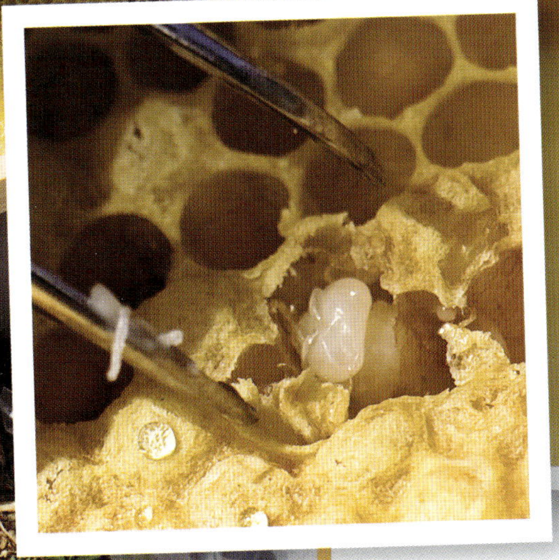

왼쪽 : 양봉장에서 채집된 애벌레는 심층 연구를 위해 실험실로 보내지기 전까지 플라스틱 통에 담겨 있게 된다. 메리언과 동료들은 꽃가루와 밀랍 표본에서 조사한 것과 같은 농약 성분이 애벌레에도 있는지 확인하기 위해 조사할 것이다.

이 세 가지 병에는 모두 꿀이 담겨 있다. 왼쪽의 꿀은 호장꽃의 꽃꿀로, 가운데 병의 꿀은 야생화와 미역취의 꽃꿀로, 맨 오른쪽 병의 꿀은 검은 로커스트나무의 꽃꿀로 만들어졌다. 이처럼 다양한 꽃 덕분에 각 꿀은 독특한 질감과 향, 맛을 지니게 된다.

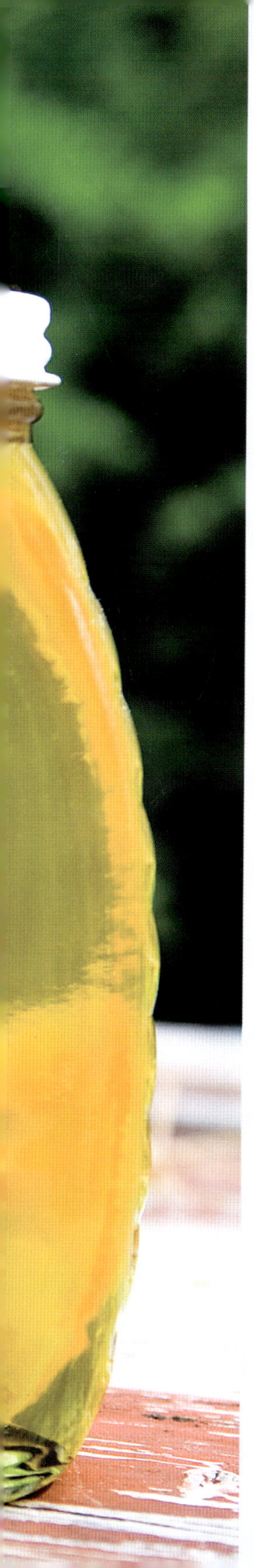

6월 중순이다. 데이브 아저씨가 플로리다 축제 장소에서 그 끔찍한 발견을 한 뒤 18개월이 지났다. 메리 아줌마의 부엌 창으로 햇빛이 밝게 비친다. 부엌의 거의 모든 표면은 투명한 플라스틱으로 덮여 있다. 부엌 한 편에서 제습기 돌아가는 소리가 들린다.

"언젠가 꿀로 만들어진 집을 갖고 싶어요. 그래도 지금 꿀로 가득한 부엌을 갖고 있으니 다행이지요."(메리 아줌마)

우리의 방문을 맞이하느라 메리 아줌마는 정원 한 편에 텐트를 쳤다. 늦은 오후에 한창 꿀을 수확하고 있던 그녀는 우리가 사진을 더 잘 찍을 수 있도록 꿀 수확 도구들을 밖으로 옮겨 놓았다.

꿀 수확은 하루 전부터 시작됐다. 그녀가 정원의 벌통을 열어 덧통의 꿀판들을 하나씩 끄집어내어 확인하자 그 안은 모두 뚜껑 덮인 숙성된 꿀들로 가득 차 있었다. 그녀가 꿀판을 흔들 때마다 벌들이 바닥으로 떨어져 내렸다. 그러면 그녀는 그 패잔병 같은 벌들을 부드러운 솔로 쓸어서 벌이 가득한 플라스틱 통에 담았다.

"꿀판에서 벌들을 떨어내는 방법은 여러 가지가 있지만 저는 제 방식대로 합니다."

메리 아줌마는 24개의 꿀판을 세 개의 벌통 위에 하나씩 포개었고, 꿀을 담는 금속 냄비도 준비했다. 그리고 꿀을 만들기 위해 먼저 밀랍 뚜껑을 칼로 잘라냈다. 양봉 전문 가게에 가면 꿀판에서 밀랍 뚜껑을 잘라내는 데 쓰이는 칼

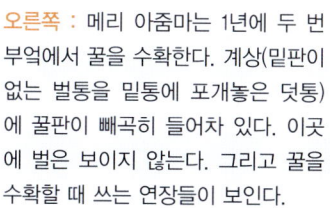

오른쪽 : 메리 아줌마는 1년에 두 번 부엌에서 꿀을 수확한다. 계상(밑판이 없는 벌통을 밑통에 포개놓은 덧통)에 꿀판이 빼곡히 들어차 있다. 이곳에 벌은 보이지 않는다. 그리고 꿀을 수확할 때 쓰는 연장들이 보인다.

왼쪽 : 밀랍 뚜껑 부분을 꿀판에서 부드럽게 잘라내는 것이 중요하다.

을 팔지만, 메리 아줌마는 일반적인 부엌칼을 더 편하게 사용한다. 큰 플라스틱 통 위에 꿀판을 세우고 칼의 날카로운 부분을 밀랍 뚜껑에 대고 위에서 아래로 부드럽게 훑어내려야 한다.

"요령은 밀랍 뚜껑 부분만 가볍게 잘라내야 한다는 겁니다. 너무 힘을 줘서 깊게 잘라내면 안 돼요. 제가 잘라내는 부분을 벌이 나중에 다시 사용할 수 있거든요. 그래서 저는 가능하면 윗부분만 잘라내려고 해요."

메리 아줌마는 잘라낸 밀랍을 플라스틱 통 바닥에 있는 쇠살대쪽으로 떨어뜨렸다. 그리고 꿀판을 뒤집어서 반대쪽의 밀랍 뚜껑을 조금 전에 했던 방식대로 잘라냈다. 15분도 지나지 않아 그녀는 네 개의 꿀판에서 밀랍 표면을 벗겨냈다. 이것들은 이제 꿀을 뽑아내는 채밀기에 들어가게 된다.

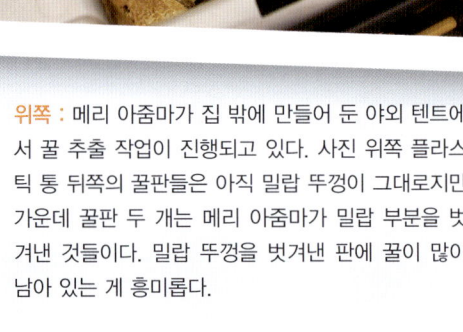

위쪽 : 메리 아줌마가 집 밖에 만들어 둔 야외 텐트에서 꿀 추출 작업이 진행되고 있다. 사진 위쪽 플라스틱 통 뒤쪽의 꿀판들은 아직 밀랍 뚜껑이 그대로지만 가운데 꿀판 두 개는 메리 아줌마가 밀랍 부분을 벗겨낸 것들이다. 밀랍 뚜껑을 벗겨낸 판에 꿀이 많이 남아 있는 게 흥미롭다.

반대쪽 : 꿀을 뽑아내는 채밀기 내부. 통 안에 두 개의 꿀판이 고정된다.

오른쪽 : 거르지 않은 꿀이 메리 아줌마의 채밀기 꼭지에서 흘러나오고 있다. 밀랍 등 여러 부유물들이 섞여 있다.

메리 아줌마의 채밀기는 가운데 네모난 철재 통이 있는 큰 금속 실린더다. 이 통은 동시에 두 개의 꿀판을 고정시킬 수 있을 만큼 크고, 위쪽에 L자형 손잡이가 달려 있다. 메리 아줌마는 꿀판을 채밀기에 고정시키면서 이렇게 말했다.

"채밀기는 수동 녹즙기와 같은 원리로 작동돼요. 내가 하는 일이라고는 꿀판을 장착하고, 이 핸들을 돌리는 것뿐이에요."

그녀가 핸들을 돌리면 철재 통도 돌아간다. 수동 녹즙기가 돌면서 상추 잎에서 물을 짜내듯이 꿀을 벌집 밖으로 흘러내리게 하는 것이다. 꿀은 채밀기 벽에 흩어지고 조금씩 바닥으로 흘러내리게 된다. 메리는 L자형 손잡이를 뒤집어서 꿀판의 바깥쪽에서도 꿀이 빠져나오도록 한다(벌집은 양면으로 이뤄져 있다는 점을 기억하라). 1, 2분이 지났을까. 그녀는 채밀기를 멈추고, 꿀판을 뒤집었다. 여전히 꿀로 가득 차 있는 안쪽 면에서도 꿀을 짜내기 위해서였다.

메리 아줌마는 몇 분간 더 채밀기를 돌린 후 빈 꿀판을 빼내고 다른 두 개의 꿀판을 집어넣었다. 이 꿀판들에서도 꿀을 다 뽑아낸 다음 그녀는 길쭉하고 하얀 양동이를 준비했다. 이것을 채밀기의 꼭지 아래에 갖다 댔다. 그녀가 이 꼭지를 가볍게 틀자 황금빛 꿀이 흘러나왔다.

"냄새는 아무 이상 없어요."

메리 아줌마가 달콤한 꿀 냄새를 깊게 들이마시며 말했다.

오른쪽 : 메리 아줌마가 뽑아낸 꿀이 여과돼 흰색 양동이 안으로 쏟아지고 있다.

아래쪽 : 어떤 사람들은 벌집에서 곧바로 꿀을 찍어먹는 것을 좋아한다. 채밀 과정을 기다리고 싶지 않은 것이다.

고정된 양동이 위에는 여과기가 있고, 곧 꿀로 가득 채워진다. 꿀의 색깔은 낯익지만, 이 꿀은 식료품 가게에서 사려는 것과 조금 다르다. 표면에 거품이 일기도 하고, 꿀 안에는 이러저러한 것들이 떠 있기도 하다.

"생꿀은 여과되지 않은 걸 말해요. 이것을 무척 좋아하는 사람들이 있어요."

그런데 이 생꿀에서 사랑스럽지 않은 것은 떠다니는 꽃가루나 밀랍 조각, 그리고 벌의 다리 같은 것들이 아닐까? 생꿀을 좋아하는 사람들은 이런 자연스러운 것을 좋아할 수도 있지만 대부분의 사람들은 깨끗한 꿀을 좋아한다. 메리 아줌마가 사용하는 여과기는 밀랍과 벌의 다리, 거품 같은 것들을 제거하게 된다. 하루가 저물 무렵이면 양동이 바닥에는 수정같이 맑은, 품질이 우수한 꿀로 가득 차게 될 것이다(실제로 메리 아줌마의 꿀은 여러 지역 박람회에서 여러 번 상을 받기도 했다).

메리 아줌마는 24개의 꿀판을 모두 같은 방식으로 처리한다. 밀랍 뚜껑을 정성껏 벗겨내

왼쪽 위 : 메리 아줌마가 안이 보이는 텐트에다 채밀 도구를 갖춰 놓았다.

아래쪽 : 메리 아줌마가 여러 종류의 병에다 꿀을 담았다.

오른쪽 위 : 메리 아줌마가 흰색 양동이에서 흘러나오는 꿀을 유리병에 채우고 있다.

고, 채밀 과정과 여과 과정을 거친다. 오후 무렵 메리 아줌마는 채밀기를 바깥에 마련해 둔 텐트의 이동식 탁자로 옮겼다. 밖에는 여전히 태양이 빛나고 있고, 매우 덥다. 더위는 수확자에게는 불편한 느낌을 주지만, 수확하기에는 더없이 좋다. 왜냐하면 날이 더우면 꿀이 더 잘 흐르기 때문이다.

필자인 나와 사진 작가 등이 도착한 지 얼마 되지 않아 벌들이 꿀 냄새를 맡고 텐트 밖에서 윙윙거렸다. 여러 마리가 미끄러운 지붕이나 그물망에 내려앉았고, 그 안으로 들어가려고 발버둥 쳤다.

"꿀은 지저분해 보이고 끈적끈적하지만, 저는 그것 없이는 못 살 것 같아요."

메리 아줌마가 텐트 바깥에서 윙윙거리는 벌을 쳐다보며 말했다. 채밀기는 계속 돌아간다.

"저는 계속해서 벌을 치고 싶어요. 벌들이 꿀을 생산하지 않는다 해도……."

충분히 여과된 꿀이 양동이에 담기자, 메리 아줌마는 꿀 병을 잡고 양동이 꼭지 밑에 갖다 댔다. 꼭지를 틀자 수정같이 맑은 꿀이 흘러나왔다.

메리 아줌마가 텐트와 부엌을 깨끗이 청소하는 동안 벌도 남은 밀랍 뚜껑을 치우고 있다. 밀랍과 꿀이 뒤섞인 것을 양봉인들은 '개꿀'이라 부르는데, 벌뿐 아니라 사람들도 그 맛을 좋아한다.

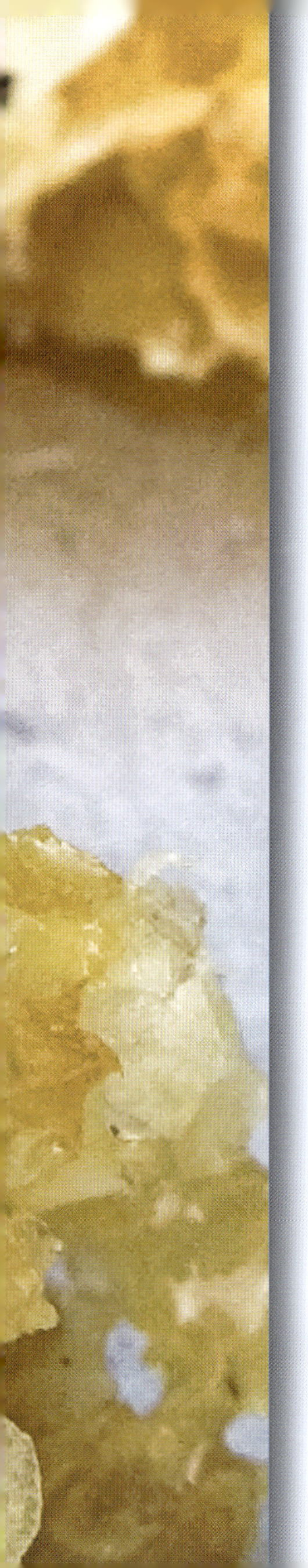

"황금, 황금 액체예요."

유리병에 봉해진 메리 아줌마의 황금 액체는 수년 동안 신선함을 유지할 것이다. 어쩌면 수십 년간 먹을 수 있을 수도 있다. 때때로 꿀 속의 설탕이 결정체를 이루고, 병 아래쪽에 딱딱한 고체를 만들기도 한다. 그러나 고체화된 결정체도 먹을 수 있으며 액체 꿀처럼 맛있는 부분이다. 결정체를 한 숟갈 떠서 먹어 보면 알 것이다. 꿀을 가볍게 데우면 그 결정체들은 다시 녹게 된다.

꿀의 색과 맛은 그것을 만드는 데 이용된 꽃꿀의 성분에 달려 있다. 오늘 생산된 꿀은 대부분 메리 아줌마의 집 근처에서 자라고 있는 야생화와 검은 로커스트나무 꽃에서 나온 것이다. 병에 담긴 꿀은 노랗고 맑아서 병을 관통해서 이 책의 페이지 번호를 볼 수 있을 정도가 된다.

꿀을 수확한 뒤 청소하는 것은 꿀을 뜨는 것 못지않게 힘든 일이다. 메리 아줌마는 벌들이 자신을 돕게 하기도 한다. 버려진 밀랍 뚜껑이나 빈 꿀판을 수확할 때 사용한 연장에 묻어 있는 꿀은 다시 벌에게 준다. 꿀이 묻은 도구를 단순히 밖에다 두기만 해도 벌들이 날아와서 빨아먹는 것이다.

깨끗이 닦인 밀랍 뚜껑은 빈 주스 병에 담아 저장한다. 메리 아줌마는 필요할 때 그것을 녹여서 밀랍 양초를 만들거나 피부에 좋은 크림이나 비누를 만드는 데 사용한다.

깨끗이 닦인 꿀판은 다시 벌통에 들어간다. 벌들은 훼손된 벌집을 수리하고 다시 꽃꿀로 벌집을 채울 것이다. 그렇게 시간이 지나 가을이 되면 메리 아줌마는 다시 꿀을 수확할 것이다.

벌집군집붕괴현상에도 불구하고 메리 아줌마네 벌들은 건강하고, 또 많은 꿀을 생산했다. 그러나 CCD 위기를 겪으면서 꿀벌의 건강에 대해 많은 공부를 하게 되었기 때문에 그녀는 벌의 건강과 안전에 대해 더욱 경계를 하게 되었다. 메리 아줌마는 살충제 노출로부터 벌을 보호하고, 가혹한 농약 대신 유기농 진드기 치료법을 사용하고, 잡초와 야생화를 정원에 기르기 위해 전보다 더 애쓰고 있다. 벌들이 균형 잡히고 영양가 있는 먹이를 구할 수 있도록 하고, 진드기나 딱정벌레, 다른 해충이나 질병으로부터 벌을 보호할 수 있도록 하는 것이다. 그녀는 자신의 정원 양봉장이나 다른 지방, 다른 나라에서 꿀벌을 보호하기 위해 자신이 무엇을 해야 하는지 잘 알게 되었다.

이 세상은 벌들에게는 위험한 세상이 되었다. 벌들이 평화롭게 살아가도록 하기 위해서는 인간들의 엄청난 노력이 필요하다. 양봉인들이나 벌에 대해 공부하는 사람이나 단순히 벌에 대한 관심으로 이 책을 읽는 사람들 모두가 노력해야 하는 것이다.

끝나지 않은 벌 이야기

꿀벌에 대해 연구한 그 모든 것을 이 72페이지짜리 작은 책에 다 담는 것은 불가능할 것이다. 그러나 그 가운데 최소한 언급하지 않으면 안 되는 것들이 있다. 그래서 나는 흥미로운 몇 가지를 포함해 '끝나지 않은 벌 이야기' 부분을 썼다.
이 내용들이 여러분들을 매혹시키기를 바란다. 그리고 여러분들이 더 많은 연구를 해서 써 보기를 권한다. 아무튼 즐겁게 감상하기를!

북미에는 4,000여 종의 벌이 살고 있고, 전 세계적으로는 2만여 종이 있다. 다음에 공원이나 정원에 가게 되면 꽃을 유심히 바라보라. 아주 다양한 벌과 벌처럼 생긴 곤충들이 나타나서 놀라지 않을 수 없을 것이다.

일벌들이 벌집 동료의 꼬리 흔들기 춤을 바라보고 있다.

꿀벌은 춤을 춰서 서로 대화를 한다. 놀랍지 않니? 말이 아니라 춤이다. 특히 좋은 먹이를 찾는 일벌을 모집하기 위해, 또는 자신들의 영역으로 돌아오기 위해 원형 춤이나 꼬리 흔들기 춤 같은 특별한 동작을 반복한다. 그들은 춤으로 가까운 곳에 있는 다른 벌떼들에게 꽃꿀이 있는 곳을 알려 주는 것이다.

꿀벌은 놀랄 만큼 향수를 잘 찾아낸다. 이들의 냄새감각은 아주 섬세해서 과학자들은 벌을 훈련시켜서 폭탄과 시체, 특별한 냄새들을 찾아내게 할 수 있다.

양봉인들은 종종 그들이 관리하는 벌통의 숫자로 분류된다. 취미 양봉인은 대개 100개 이내의 벌통을 관리하는 사람을 말하고, 직업 양봉인은 1,000개 이상을 관리하는 이를 말한다. 그리고 부업 양봉인은 위 두 직업의 가운데 어디쯤 될 것이다. 모든 양봉인은 또한 아마추어 기상학자이며, 원예학자, 곤충학자, 약리학자의 능력을 갖추고 있기도 하다.

여왕벌의 방은 여왕벌을 기르기 위해 특별히 고안된다. 분봉을 계획하는 군집은 여러 개의 방을 만들기도 한다. 그리고 기존 여왕벌이 각각의 방에 장차 여왕이 될 알을 하나씩 낳게 된다. 새로운 여왕벌이 출현하면 기존 여왕벌은 새 군주에 의해 파괴될 것을 우려해 그 벌집의 유일한 군주로서 자신의 방과 자라고 있는 다른 여왕벌의 방에 표시를 해서 자신의 소유권을 분명히 한다.

여왕벌의 방은
땅콩 껍질처럼
생겼다.

특별한 방에서 새 여왕벌이 출현하기 직전, 기존에 있던 여왕벌은 벌의 절반을 데리고 벌집을 떠나게 된다. 이를 '분봉'이라 하는데, 분봉 후에는 새 벌집을 만들기 위해 적당한 장소를 찾도록 정찰병을 파견하고, 알맞은 장소를 찾으면 그곳에 정착하게 된다.

이 사진에서 좀 더 크게 보이는 애벌레방에는 수벌들이 자라고 있다.

벌의 특이한 생식 과정은 무척 흥미롭다. 수벌은 수정되지 않은 알에서 태어난다. 즉 수벌이 여왕벌이나 알을 낳는 일벌을 어머니로 둘 수 있으나 아버지가 없다는 말이다. 이런 생식 과정을 '처녀생식'이라고 한다.

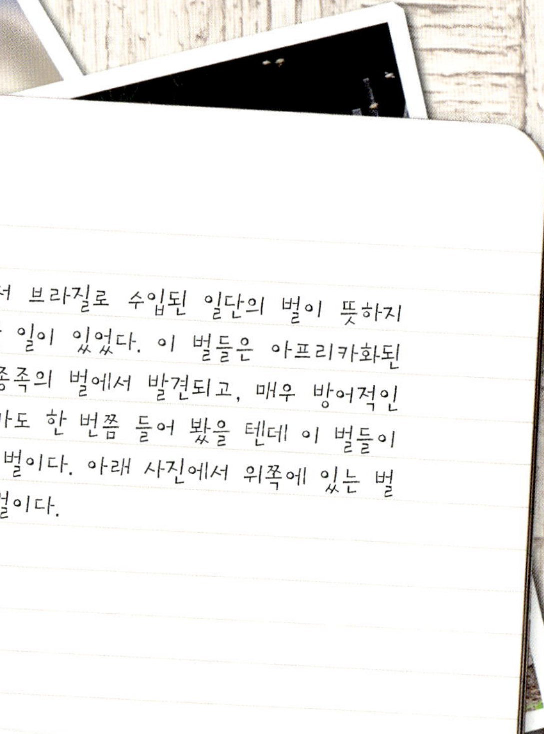

1956년에 아프리카에서 브라질로 수입된 일단의 벌이 뜻하지 않게 야생으로 날아간 일이 있었다. 이 벌들은 아프리카화된 벌로 불리면서 모든 종족의 벌에서 발견되고, 매우 방어적인 성격을 갖게 됐다. 아마도 한 번쯤 들어 봤을 텐데 이 벌들이 바로 살인벌로 불리는 벌이다. 아래 사진에서 위쪽에 있는 벌이 아프리카화된 살인벌이다.

야생 수분을 담당하는 곤충에 대해서 우리가 이해할 수 있는 것은 많지 않다. 그 결과 과학자들은 야생벌의 개체수를 관찰하려고 노력해 왔다. 더불어 여러분들의 노력도 필요하다. 벌 찾기 프로젝트(beespotter.mste.uiuc.edu)나 위대한 해바라기 프로젝트(www.greatsunflower.org), 그리고 야생 벌집 프로젝트(www.savethehives.com)를 인터넷에서 찾아보기 바란다.

과학자들은 북미에서 꽃가루 매개자 수가 줄어들고 있다고 믿고 있다. 그러나 미국에서 농장은 더욱 늘어나고 있는 실정이다. 곡식을 기르기 위해선 꽃가루 매개 작업이 필요한데, 이 역할을 할 야생벌이 충분하지 않게 된 것이다(이 때문에 데이브 아저씨와 같은 양봉인들이 미국 전역을 돌아다니며 수분을 돕고 있다). 우리 모두 꽃가루 매개자들인 야생벌에게 건강하게 살 수 있는 터전(야생 꽃밭과 농약을 치지 않는 것)을 제공해야 한다.

양봉 용어

겸업 양봉가 : 부업으로 양봉일을 하는 사람. 혹은 100통 이상 1,000통 이하의 벌통을 관리하는 양봉인.

경보 페르몬 : 벌이 스트레스를 받을 때, 특히 침으로 적을 쏠 때 분비되는 냄새나는 화학물질.

꽃가루 : 식물의 꽃에서 만들어지는 꽃의 세포.

꽃가루 매개자 : 꽃가루를 암술머리에 옮겨 가루받이를 하게 하는 운반자. 대개는 곤충들이다.

꽃가루 바구니 : 꿀벌의 뒷다리에서 볼 수 있는 꽃가루 통으로 겉이 깊게 파여 있고 그 주위는 활모양으로 굽은 긴 털이 둘러싸고 있다.

꽃가루받이(수분) : 꽃가루가 암술머리에 붙는 현상.

꽃꿀 : 대부분의 꽃이 만들어 내는 단 물질이다. 꿀벌은 이 꽃꿀을 모아서 꿀을 만든다.

꽃밥 : 꽃의 수술의 한 부분으로 이곳에서 꽃가루가 형성된다.

꽃의 암술머리 : 암꽃의 주요 부분으로 머리 부분에 해당된다. 이곳의 끈적끈적한 표면이 꽃가루를 받아들인다.

꿀 : 벌들이 모아서 벌집에 저장한 뒤 증발 현상에 의해 압축되는 꽃꿀.

꿀받이벌 : 들판에서 들어오는 벌들로부터 꽃꿀을 수집하는 역할을 맡고 있는 일벌.

꿀샘 : 꽃꿀을 만들어 내는 꽃의 한 부분.

꿀판 : 직사각형으로 생긴 나무판. 양봉에서는 보통 양면에 모두 벌집이 붙는다.

끌개 : 양봉 벌통이나 벌집판들을 분리하는 데 사용하는 금속 도구.

단백질 : 모든 생명체가 만들어 내는 필수적이고도 복잡한 분자. 각기 독특한 기능을 갖고 있다.

덧통(계상) : 표준 벌통과 크기는 같으나 밑판이 없는 벌통을 밑통에 포개 놓는 것을 덧통이라 한다.

도봉 : 벌들이 꽃에서 직접 꿀을 얻지 못하고 약하거나 버려진 남의 벌통에서 꿀을 도둑질해 가는 것.

독침 분비선 : 독을 만들어 내는 꿀벌의 한 기관. 이곳에서 만들어지는 독은 변형 산란관을 통해 희생자에게 전달된다.

뚜껑 : 숙성된 꿀이나 자라고 있는 애벌레 위에 벌들이 덮어놓은 밀랍 뚜껑.

먹이 찾기 : 먹이를 찾는 벌들의 행위를 말하고, 먹이가 발견되는 곳을 '먹이 장소'라고 부른다.

면포 : 양봉인들이 머리를 보호하기 위해 쓰는 도구.

문지기벌 : 꿀벌의 출입을 감시하는 일벌.

밑씨 : 수정 후에 씨가 되는 부분으로, 속에 생

식 세포를 감싸는 배낭이 있다.

바이러스 : 세균보다 크기가 작은 전염성 생물. 유전물질인 DNA나 RNA 혹은 그 유전물질을 둘러싸고 있는 단백질 등으로 구성된다. 바이러스라는 단어는 '독'을 뜻하는 라틴어 '비루스(virus)'에서 왔다.

벌군집 : 일벌, 수벌, 여왕벌 등 벌집에서 함께 살아가는 꿀벌 가족.

벌 조사관 : 벌집을 조사하고 양봉업자들을 돕기 위한 목적으로 국가가 고용하고 있는 양봉인. 대부분의 미국 주(state)에선 벌 조사관을 두고 있다.

벌 주둥이 : 꿀벌의 입 부분을 말하는데, 이것으로 꽃꿀과 물을 모은다.

벌집 비중심부 : 규칙적인 벌집 외곽에 비규칙적으로 붙은 벌방들.

벌집군집붕괴현상(CCD) : 꿀과 꽃가루를 채집하러 나간 일벌들이 벌집으로 돌아오지 않아서 그곳에 남은 여왕벌과 애벌레 등이 몰살당하는 현상이다. 전 세계에서 일어나고 있지만 아직 그 뚜렷한 이유를 과학적으로 설명할 수 없다.

병원균 : 병을 일으키는 균.

복부(배) : 벌의 몸을 삼등분했을 때 맨 마지막 부분. 이곳에 벌의 심장과 생식기관, 소화기관, 따갑게 쏘는 침 분비선이 있다.

봉교 : 꿀벌이 식물의 진액을 수집하여 씹은 뒤 생긴 끈적끈적한 물질로, 밀랍과 섞어 벌집을 짓는 데 사용한다. 벌집의 안정성을 높이는 데 쓰이고 탁월한 살균력을 갖고 있다.

분봉 : 벌의 한 무리가 둘 이상의 무리로 나누어지는 것을 말함.

분할 : 하나의 큰 벌 무리가 둘로 나뉘면서 만들어지는 작은 벌의 무리들.

사봉방 : 죽은 벌들이 모여 있는 벌집.

산란관 : 알을 낳는 기관.

수벌 : 남성 꿀벌을 일컫는다. 식량이나 물, 피난처 등을 모두 일벌(여성)에게 의존한다.

수술 : 꽃을 이루는 한 기관으로 생식 세포인 꽃가루를 만드는 장소.

시녀벌 : 여왕벌을 따라 다니며 왕유를 먹이고 오물을 닦아 주는 등 시중을 드는 벌을 일컫는다.

심피 : 꽃의 암술을 만드는 부분으로, 여기에서 식물의 씨가 생성된다.

애벌레 : 유충 상태의 꿀벌. 알에서 부화된 뒤 애벌레가 된다.

애벌레판 : 애벌레가 자라는 벌집의 한 부분.

양봉인 : 벌을 키우는 사람.

양봉장 : 꿀을 얻기 위해 벌을 기르는 곳.

여왕벌 : 하나의 벌통에서 유일하게 완전히 성장한 여성 벌. 여왕벌은 이 벌통에서 모든 벌의 어머니가 된다.

육아벌 : 애벌레판에서 어린 벌에게 먹이를 주고 보살피는 등의 일을 하는 일벌.

이동 양봉인 : 장소를 이동하면서 벌을 키우는 양봉인. 직업 양봉인들은 대부분 이동을 하며 벌통을 트럭에 싣고 지방 곳곳의 수분 장소를 따라 다닌다.

일벌 : 완전히 성숙하지 않은 여성 기관을 갖고 있는 여성 벌. 여왕벌의 일인 알을 낳는 것을 제외하고 벌통 안에서 벌어지는 모든 주요한 일들에 대한 책임을 맡고 있다.

전업 양봉인 : 벌꿀을 생산하고 수정하는 일을 업으로 삼고 있는 사람.

제초제 : 식물을 죽이는 화학물질.

진드기 : 꿀벌의 삶과 여러 가지로 얽혀 있는 기생충.

진드기 살충제 : 진드기를 죽이거나 없애는 약.

처녀생식 : 암컷이 수컷과 결합하지 않고 단독으로 새로운 개체, 즉 2세를 낳는 현상.

취미 양봉인 : 꿀을 채집하거나 취미로 소수의 벌통을 관리하는 양봉인.

풀무 : 불을 피울 때에 바람을 일으키는 기구. 양봉인들은 이것을 이용해서 벌집으로 연기를 집어넣어 벌들을 마취시킨다.

훈풍기 : 연기를 발생시키는 양봉 기구. 꿀벌이 연기를 싫어하기 때문에 벌통을 열기 전에 연기를 내뿜으면 벌이 사람을 쏘지 않고 꿀이 저장된 방으로 들어가 머리를 박고 꿀을 먹기 때문에 양봉 관리를 위해 사용되고 있다.

모험해 볼 만한 웹사이트

양봉일을 이제 갓 시작한 사람이나 양봉인이 되고 싶어 하는 사람이라면 아래 웹사이트에서 굉장히 많은 정보를 얻을 수 있을 것이다.

꽃가루 매개자 안내

www.pollinator.org

이 웹사이트는 미국 전역에서 볼 수 있는 꽃가루 매개 방식의 식물 기르기에 대한 안내를 담고 있다. 또 학생들을 위해 꽃가루 매개에 대한 교과과정을 3급부터 5급까지 갖추고 있으며, 꿀벌을 기르고 다른 꽃가루 매개자를 지원하는 기관과 프로젝트에 대한 여러 가지 정보를 담고 있다.

하겐다즈 꿀벌 사이트

www.helpthehoneybees.com

아이스크림 제조회사인 하겐다즈는 아이스크림을 만드는 데 아주 중요한 역할을 하는 꿀벌의 세계를 공부하는 데 도움이 될 수 있도록 이 웹사이트를 만들었다. 이곳에 들어가면 꿀벌에 관한 자료를 무료로 다운로드받을 수 있다.

무척추동물 보호 단체

www.xerces.org

저시스 단체는 꿀벌 등 모든 무척추동물을 보호하기 위해 일한다. 이들의 웹사이트는 벌이 좋아하는 정원을 가꾸는 데 도움이 될 수 있는 자료와 유용한 정보로 가득하다. 이들 정보는 인터넷에서 직접 다운로드 받을 수 있다.

중대서양 양봉 연구 및 확장 연합

maarec.cas.psu.edu

이 웹사이트는 벌집군집붕괴현상(CCD)의 배경 정보와 최신 연구 결과, 뉴스 등 여러 가지 풍부한 정보를 담고 있다.

벌 찾기 프로젝트

beespotter.mste.uiuc.edu

벌에 대한 데이터를 모으는 것의 중요성을 인식하고 꽃가루 매개의 중요성에 대해 시민들을 교육하기 위해 시민 과학자와 전문 과학자들이 협력해 만든 홈페이지다. 누구나 자신이 찍은 벌 사진이나 활동 내용을 이 사이트에 소개해 주면 좋다.

한국양봉협회

www.korapis.or.kr

양봉업의 육성을 도모하고, 꿀벌에 의한 농작물의 화분 매개 촉진으로 농산물 증산에 기여하며, 양봉 농가와 소비자의 권익을 보호한다는 취지하에 만들어졌다. 연구소에서는 품질이 보장된 벌꿀을 소비자가 안심하고 선택할 수 있도록 품질관리 규정을 두고 있다. 양봉에 대한 전문적인 자료가 많은 곳이다.

국제양봉연맹협회(APIMONDIA)

www.apiservices.com/apimondia

미국, 영국, 프랑스 등지의 양봉업계 및 양봉제품에 대한 소식을 담고 있다. 꿀벌의 이동과 꿀벌의 감소, 벌집군집붕괴현상 등을 과학적으로 연구하여 정보를 교환한다. 물론 각 나라의 언어로 그 정보를 번역하여 양봉에 관심 있는 사람들에게 제공하고 있다. 꿀의 맛, 색상, 향기 등을 평가하는 대회를 열기도 하는데, 전 세계의 아마추어 또는 전문 양봉인들이 모두 참여할 수 있다.

지은이, 옮긴이의 말

이 책을 쓰는 일은 믿을 수 없을 만큼 흥미로운 경험이었다. 이 일을 이룰 수 있도록 도와준 많은 이들에게 고마움을 표시하고 싶다. 실험실 동료들과 현장 동료들인-'꿀벌 탐정'이라 불리는- 데이브 해컨버그, 드니스 밴엔겔스도프, 제프 페티스, 다이애나 콕스-포스터, 그리고 메리언 프레이저는 기꺼이 자신의 일과 시간을 나에게 할애해 주었다. 메리 드웨인 씨는 양봉에 대한 열정이 무엇인지 알게 해 주었고, 거스 스캐머리츠는 단단한 손으로 나를 도와주었다(그러다 세 번이나 벌침에 쏘였다). 그리고 돈과 진 홈은 양봉장을 선뜻 빌려 주었다. 워세스터 카운티 양봉인협회는 벌에 대해 별로 아는 게 없는 나에게 벌에 대한 많은 지식을 알려 주었고, 전문가들의 도움도 받게 해 주었다. 내가 이 일을 시작할 수 있도록 신문기사를 오려서 나에게 보내 준 친구 린다 밀러에게 특별한 고마움을 전한다. 드위 캐런과 켄 워콜은 이 원고를 읽고 용어나 기술적인 정확성을 기할 수 있도록 열심히 도와주었다. 작가 리자 마츠, 에릭 루퍼, 케이트 메스너, 린다 어번, 돈 루시에, 그리고 에이전트 켄 라이트, 편집자 에리카 재피도 나에게 지혜와 용기를 주었다. 이 모든 이들과 함께 일할 수 있어서 행운이라고 생각한다. 사진 작가 엘런 해러사이모위츠는 나와 많은 여행을 했고, 놀라운 장면들을 사진으로 포착했다. 이 책은 그녀와 나의 협력 정신의 결과물이다. 디자이너 캐러 루일린은 나의 원고와 엘런의 사진을 가지고 훌륭하게 편집해 주었다. 정말 잘 했어요, 캐러. 남편 제리와 아이들 샘과 벤, 캣에게도 특별한 고마움을 전한다. 이들은 아마도 벌에 대해서 알고 싶어 했던 것보다 훨씬 더 많은 것을 지난 몇 년간 배웠을 것이다. 잘 견뎌 줘서 고마워요. 사랑해요! -로리 그리핀 번스(지은이)

어려서 지리산 골짜기에서 자란 나는 벌과 특별한 인연이 있다. 어머니가 집 뒤뜰에서 토종벌을 칠 때 그 곁에서 얼쩡거리다가 여러 번 침에 쏘여 보기도 했지만 그 달달한 꿀맛을 안 뒤로는 별로 침을 두려워하지 않았다. 그런데 어느 날 동네 친구들과 뒷산에서 장난으로 벌집을 건드렸다가 벌에게 온 머리를 쏘인 뒤 벌을 '매우' 두려워하게 됐다. 그래서 벌은 나에게 달콤하지만 두려운 존재였다.

그러나 이제껏 내가 의식하지 못하고 살았던 것을 나는 이 책을 통해 알게 됐다. 벌 같은 꽃가루 매개자가 없으면 곡식이나 과일이 열매를 맺지 못한다는 것을 잘 몰랐던 것이다. 벌은 얼마나 소중한 존재인가. 그런 벌들이 갑자기 흔적도 없이 사라졌다. 수많은 과학자가 동원돼 벌 실종사건을 조사한 결과 충격적인 사실이 드러났다. 인간의 욕심이 벌을 떠나게 한 것이었다. 이 흥미로운 책을 통해 여러분들이 벌과 좋은 친구가 된다면, 떠났던 벌들이 다시 돌아올 것이다. -정현상(옮긴이)

찾아보기

지식 보물창고 1

바다 쓰레기의 비밀

-바다 쓰레기에서 배우는 과학과 환경

로리 그리핀 번스 글 | 정현상 옮김

★ 보스턴글로브 -혼북 상 '논픽션 부문' 수상작
★ 환경부 선정 우수환경도서
★ 아침독서 추천도서

바다 쓰레기를 추적하는 모험 속에 펼쳐지는 과학과 환경 이야기!

『바다 쓰레기의 비밀』은 바닷가에 나뒹구는 쓰레기 이야기를 다룬 책이지만 흥미로운 해양 과학의 원리가 담겨 있는 책입니다. 이 책의 주인공 커티스 에비스메이어 박사는 바다를 떠도는 쓰레기를 추적하며 쓰레기와 바다간의 흥미로운 관계를 풀어나갑니다. 이 책은 기본적으로 아름다운 바다가 어떻게 움직이고 있는지 자세히 알려 주는 과학책입니다. 동시에 우리가 왜 바다 환경을 보호해야 하는지를 알게 하는 아주 '착한' 책입니다.

• 바다에 버려진 쓰레기의 이동 경로를 따라가는 해양학자 커티스 에비스메이어 박사의 실제 이야기다. 추적하는 과정에서 위도와 경도, 파도, 해류 등 해양 과학에 대한 설명이 자연스럽게 녹아든다. 쓰레기로 뒤덮인 해변 사진이 독자들에게 바다 환경, 나아가 지구를 위해 해야 할 일을 고민하게 한다. -〈소년한국일보〉

• 바다 쓰레기를 추적하는 모험 속에 펼쳐지는 과학과 환경 이야기. 흥미로운 해양 과학의 원리가 탐험 이야기와 함께 잘 버무려져 있다. -〈부산일보〉